Friedrich Marbach

Die Psychologie des Firmianus Lactantius

Ein Beitrag zur Geschichte der Psychologie

Friedrich Marbach

Die Psychologie des Firmianus Lactantius
Ein Beitrag zur Geschichte der Psychologie

ISBN/EAN: 9783743657281

Hergestellt in Europa, USA, Kanada, Australien, Japan

Cover: Foto ©Thomas Meinert / pixelio.de

Weitere Bücher finden Sie auf **www.hansebooks.com**

Die
Psychologie des Firmianus Lactantius

Ein Beitrag zur Geschichte der Psychologie.

Inaugural-Dissertation

behufs

Erlangung der Philophischen Doctorwürde

verfasst und

der hohen Philosophischen Facultät

der Universität Jena

vorgelegt

von

Friedrich Marbach

aus Eisenach

Halle a. S.,

Heynemann'sche Buchdruckerei (F. Beyer).

1889.

Animus, in quo solo est homo. quoniam
subiectus oculis non est. nec bona eius adspici
possunt. quae in sola virtute sunt posita. et
ideo tam stabilis et constans et perpetuus sit
necesse est, sicut ipsa virtus, in qua est animi
bonum. (Lact. Inst. div. V, 21,11.)

Meinen Eltern

in Liebe und Dankbarkeit

gewidmet.

Einleitung.

Es gibt in der Weltgeschichte kaum eine Epoche, die der Wissenschaft noch so viel ungelöste Rätsel darbietet, als die ersten Jahrhunderte unserer christlichen Zeitrechnung. Wie war es möglich, dass die ganze so hoch entwickelte Cultur in einigen Jahrhunderten überwunden werden konnte, und an ihre Stelle das Christentum mit seinen allen antiken Anschauungen widersprechenden Gedanken trat und die Menschheit für sich gewann. Die Menschheit, die über die Mythen und Mysterien der heidnischen Religion spottete, vereinigte sich, um einen bei dem verachtesten Volke als Hochverräter Gekreuzigten anzubeten. Das Gebot der Nächstenliebe ward zu allererst in seinem ganzen Umfange anerkannt, auf die Armen und Verlassenen, ja auf Feinde und Verbrecher ausgedehnt, zu einer Zeit, in der der Unterschied zwischen Herren und Sklaven, unermesslich Reichen und elendem Proletariat am stärksten hervortrat. Das Streben nach einer höhern, bessern Welt und damit in Zusammenhang die Verachtung alles Irdischen ergriff die Herzen der Menschen, obwohl dieselben in jener Zeit ganz besonders im Stande waren, sich alles, was die Erde bietet, zu verschaffen und zu geniessen, und in der That allein dem Genusse des irdischen Dasein's zugewandt waren.

Es ist die schwierige Aufgabe der wissenschaftlichen Forschung nachzuweisen, wie jene Umwandlung sich vollzogen hat, wo in der antiken Welt die Berührungspunkte zu suchen sind, an die die neuen Ueberzeugungen anknüpfen konnten, um in allmählich fortschreitendem Prozess die alten Anschauungen vollkommen umzugestalten. Gewiss war es gerade der Zweifel an jeder religiösen und sittlichen Wahrheit und die hierdurch entstandene Sehnsucht des vereinsamten Gemüts, die die Menschen zur Gemeinschaft im Glauben an Christum führte; gewiss war es vor allem das ungeheure Elend der niederen Massen, das sie das hier auf Erden vermisste Glück in einem bessern Jenseits suchen liess; gewiss war gerade die Uebersättigung und Erschöpfung durch alle Genüsse der Welt ein Hauptgrund dafür, dass Viele dem schroffen Gegensatz hierzu, der Askese und Weltflucht Reiz abgewannen, wie kam es aber, dass das Evangelium, das zunächst nur die Gemütsbedürfnisse so vieler befriedigte, auch die Ergebnisse der alten Wissenschaft in seinen Bereich zog und dieselben, ohne sie zu zerstören, auf Grund der neuen Ueberzeugung umgestaltete?

Freilich ging auch die antike Philosophie einem Selbstzersetzungsprocesse entgegen und begann im Neupythagoreismus und Neuplatonismus sich in mystische Schwärmerei zu verlieren. Doch behielten daneben das den strengen Denker befriedigende pantheistische System der Stoiker, und das der Zeitrichtung in vieler Beziehung entsprechende materialistische System Epicurs die grösste Verbreitung.

Mit diesen Systemen musste das Christentum in Berührung kommen und sich auseinandersetzen. Dies geschah in der Weise, dass man alle den christlichen Grundanschauungen nicht entgegenstehenden Resultate der antiken Wissenschaft anerkannte, oder wenigstens nicht verwarf, und nur das be-

kämpfte, was mit den christlichen Ideen nicht zu
vereinigen war, so dass später die alte Philosophie in
christlichem Gewande wieder auflebte.

Es ist in hohem Grade interessant zu sehen, in welcher
Weise sich dieser Uebergangsprocess vollzog, wie in den
Schriften der älteren Kirchenväter und Apologeten die Ergeb-
nisse der antiken Philosophie teils anerkannt, teils verworfen,
teils umgestaltet werden, je nachdem sie den christlichen
Grundgedanken entsprechen, oder denselben zuwiderlaufen.
Diese Umgestaltung tritt deutlich hervor an den von den
alten Philosophen in verschiedener Weise beantworteten
Problemen der Psychologie, und zwar deshalb, weil
die Einzelseele durch die christliche Auffassung eine neue
Stellung im Weltganzen erhält.

Es richtet sich ja im Christentum das Hauptinteresse
auf das Geschick der menschlichen Seele, auf ihre
Erlösung und ihr ewiges Heil, so dass dieselbe nicht mehr
nur als Teil der Welt aufgefasst und demgemäss behandelt
wurde, sondern als selbständiges ethisches Wesen
den Weltmittelpunkt bildet; das Geschick aller Einzel-
seelen bildet den vornehmlichsten Inhalt der Weltgeschichte.

Bemerkenswert ist hierbei, dass jene Ueberzeugung von
dem hohen Wert der Seele, die Grundlage für die Behandlungsweise der überlieferten psychologischen Bestimmungen,
nicht als etwas durchaus fremdes der griechischen Anschauung gegenübertrat, sondern dass die Entwicklung
der griechischen Philosophie zu derselben hin-
geführt hatte, seitdem sie den Menschen in den Mittelpunkt
ihrer Betrachtung gestellt, die theoretischen Untersuchungen
nur als Mittel zur practischen Lebensführung behandelt hatte.
Nicht nur führte der Neuplatonismus durch seine Betonung
der Gegensätzlichkeit zwischen Leib und Seele und der Er-

habenheit der letzteren zu jener Auffassung, sondern schon die Entwicklung der stoischen Schule, sowohl die eingehende Behandlung solcher Probleme, wie Physicotheologie und Theodicee durch Chrysipp, als vor allem die ethischen Anschauungen der späteren Stoiker, eines Seneka und Epiktet: treten doch bei dem ersteren die Lehre von der Gottverwandtschaft des menschlichen Geistes, von dem Gegensatz zwischen Körper und Seele, von der ewigen Fortdauer der Seele, selbst von ihrer Läuterung in derselben Weise in den Vordergrund, wie in der Patristik.

Aus dem Gesagten ergibt sich, dass trotz des Gegensatzes zwischen der antiken und christlichen Auffassung vom Wesen der Seele sich Berührungspunkte finden. Es brauchte nur jene christliche, aber auch in der Psychologie der Griechen sich entwickelnde ethische Auffassung der Seele als wichtigster Punkt hervorgehoben zu werden, um dem Seelenleben eine neue Gestalt zu geben, ohne dabei eine neue Theorie des Seelenlebens zu gewinnen: konnte man doch ohne Anstoss einen grossen Teil der rein psychologischen Bestimmungen aus der antiken Psychologie übernehmen, obwohl das Object der Forschung sich verändert hatte.

Hiermit steht im Zusammenhang, dass das Seelenleben mit seinem moralisch-praktischen Inhalt die grösste Beachtung findet, während alle rein theoretischen Bestimmungen nebensächlich sind. Da es sich um das Geschick der Einzelseele handelt, so treten als die wichtigsten Fragen in den Vordergrund, wie die Seele sich dem Körper gegenüber verhalten soll, wie sie sein muss, um recht beschaffen zu sein, und welches Schicksal sie durch ihr Thun erleiden wird, während die die antike Psychologie vor allem beschäftigenden Fragen nach der

Substanz, dem Sitz, den Teilen und Leistungen der Seele in zweiter Linie stehen und stets von der ethischen Grundauffassung der Seele beeinflusst werden. Diese für die psychologischen Anschauungen der ältern Kirchenväter bis Augustin allgemein gültigen Auseinandersetzungen, sind bis jetzt an einzelnen Kirchenvätern nicht nachgewiesen, auch Siebeck's Geschichte der Psychologie behandelt diese interessante Umformung nur kurz. Im folgenden ist daher der Versuch gemacht, die psychologischen Anschauungen des christlichen Rhetors Firmianus Lactantius, der zur Zeit Constantins des Grossen das Christentum bereits angesichts seines errungenen Sieges verteidigte, darzustellen, und ihren Zusammenhang mit den Anschauungen der alten Philosophie, sowie die durch das neue christliche Princip bedingte Umwandlung derselben auseinander zu setzen.

Da alle psychologischen Anschauungen des Lactanz auf der ihm eigentümlichen dualistischen Weltanschauung beruhen, ist es notwendig zunächst sein metaphysisches System kurz zu betrachten. Die Grundlage einer jeden theologischen oder philosophischen Auseinandersetzung bildet hier nemlich die der Zend-Avesta-Religion eigene, dem Christentum nur teilweise verwandte Anschauung, dass Welt und Materie das Böse repräsentieren, Gott und das Licht das Gute. Diese dualistische Grundauffassung des Weltproblems ist von Lactanz sogar in der Weise ausgeführt, dass wir zwischen einen kosmischen und anthropologisch-ethischen Dualismus unterscheiden können. (Vgl. Inst. II, 9 und 12.)

Jedoch sind die beiden entgegengesetzten Bestandteile der Welt, nicht wie in Parsismus von Anfang an vorhanden;

eine derartige Ansicht würde den christlichen Anschauungen des Kirchenvaters widersprechen. Vielmehr ist Gott nicht nur Gestalter der Welt, sondern auch Schöpfer der Materie, weshalb Lactanz die Ansicht der Dichter und Philosophen verwirft, dass neben Gott das Chaos bestanden habe, das von ihm zur Welt umgeschaffen worden sei, dass also zwei von Anfang an entgegengesetzte Principien, Geist und Materie, beide ungeschaffen und von einander unabhängig, vorhanden gewesen seien. Nach der Ansicht des Lactanz liegt der Gegensatz zwischen Geist und Materie im Willen Gottes begründet. Er erschafft Erde und Himmel, dieser der Wohnsitz seines Gründers, jene zur Behausung der Geschöpfe. Beide stehen zu einander in ausschliessendem Gegensatz und zwar gehört alles, was Licht und Leben verbreitet, zum Himmel, alles entgegengesetzte zur Erde. Am Himmel strahlen daher Sonne, Mond und Sterne, und beweisen, dass dort ewiges Licht und endloses Leben ihren Sitz haben, das Feuer ist das himmlische Element; zur Erde gehört Finsternis, Kälte und Tod; das irdische Element ist das Wasser.

Alles Leben verdankt die Erde dem Einfluss des Himmels: aus der Mischung der zwei Substanzen der Elemente[1]) entstehen die organischen Wesen. Jedes Geschöpf besteht aus Leib und Seele, d. i. aus Feuchtigkeit und Wärme.

Am vollkommensten zeigt sich diese Zweiteilung im Menschen, der in sich ein Abbild der Welt darstellt, da die entgegengesetzten Elemente, aus denen sie besteht, auch sein Wesen ausmachen. Während der Körper aus dem Schlamm der Erde gebildet ist, ist die Seele von Gott „aus der Lebensquelle seines ewigen Geistes" eingehaucht. (II, 12, 3.) So vereinigt der Mensch in sich gleichsam Himmel

---

[1]) II, 9, 19. substantia ignis calor est, aquae humor.

und Erde, Licht und Finsternis, Leben und Tod; jedoch sind die Gegensätze nicht zur Einheit verbunden, sondern in einem fortwährenden Kampf begriffen. Hierdurch wird der Dualismus ein ethischer. Nicht nur sind Körper und Geist ihrem Wesen nach verschieden, auch ihr Wert ist ein anderer. Der Gegensatz zwischen Körper und Seele ist derselbe, wie zwischen Fleisch und Geist, zwischen Böse und Gut, zwischen Laster und Tugend. Der Kampf zwischen beiden, der im Innern des Menschen vor sich geht, entscheidet zugleich das Schicksal desselben. Siegt die gottentstammte Seele, so ist Unsterblichkeit und ewiges Verweilen im Lichte ihr Lohn, siegt der Körper, so vermag er die Seele nicht zu vernichten, sondern sie erleidet ewige Qualen in fortwährender Finsternis und unendlichem Tod.

Hiermit steht übrigens der ebenfalls von Lactanz hervorgehobene Gegensatz von Gott und Teufel nicht recht in Einklang. Letzterer ist bereits vor der Weltschöpfung geschaffen, dann aber durch eigene Schuld gefallen, und gilt daher als Herr alles Widergöttlichen, besonders der dem Tod verfallenen Menschheit. (II, 8, 4 ff.) Ein ähnlicher Widerspruch tritt auch hervor, wenn von Lactanz auf der einen Seite die unbegrenzte Verantwortlichkeit des Menschen und die durch sie bedingte Notwendigkeit des Bösen hervorgehoben wird, während nach einer andern Darstellung das Böse erst durch den Teufel und die eigene Schuld des Menschen in die Welt gekommen sein soll.

Diese Uebersicht über das metaphysische System des Lactanz bestätigt bereits das oben Gesagte: bildet doch die Psychologie verbunden mit der Ethik einen wesentlichen Teil desselben. Die Seele ist ein ethisches Wesen, dessen Schicksal die wichtigste Frage für jeden Menschen sein muss. Alle anderen psychologischen Bestimmungen sind im Vergleich mit dieser Frage nebensächlich und unwichtig.

Hieraus ergibt sich die Einteilung der ganzen Abhandlung, und zwar werden die nebensächlichen theoretischen Probleme im ersten Teile derselben behandelt, dem im zweiten die durch die Wertbestimmung der Seele hervorgerufenen practischen Fragen nach ihrem Verhältnis zum Körper, nach der Willensfreiheit, dem Wert der Affecte und der Unsterblichkeit angeschlossen sind.

Für den ersten Teil bietet die Schrift des Lactanz de opificio dei reiches Material, für den zweiten das sechste und siebente Buch der Institutiones divinae, sowie für die Affectenlehre im besondern das Buch de ira dei.

Erster Teil.

Die Seele in ihrem Sein.

§ 1.

Die Realität der Seele.

Die Frage, ob überhaupt im Menschen eine Seele als selbständiges Wesen existiere, ist für Lactanz vollkommen überflüssig und keines Beweises bedürftig. Die Seele ist ein reales Wesen, das in Verbindung mit dem Körper, zugleich aber in Gegensatz zu ihm, den irdischen Menschen ausmacht, ein Wesen, dessen Existenz ebenso feststeht, wie die Gottes.

Von den Philosophen wird bei Lactanz als Leugner der Seele nur der Peripatetiker Aristoxenus hervorgehoben, während dessen Gesinnungsgenosse Dikäarch in eine Linie mit

Epicur und Democrit gestellt wird. Derselbe gehört daher zu den Philosophen, die nach der Ansicht unsres Kirchenvaters das Vergehen der Seele zugleich mit dem Körper behaupten, nicht aber die Existenz der Seele leugnen. Dagegen scheinen ihm die psychologischen Anschauungen des Aristoxenus der Inbegriff aller Thorheit zu sein; er weiss auch einen treffenden Einwand gegen dessen Theorie vorzubringen. Diese ist aber nach der Darstellung des Lactanz ungefähr folgende: Das Verhältnis der Seele zum Körper ist analog dem des Tones zu den Saiten. Wie durch die Anspannung der Saiten ein wohlklingender und übereinstimmender Ton hervorgerufen wird, so entsteht aus dem Bau des Körpers und der Verbindung der Eingeweide die Kraft des Denkens. Die Seele bildet also die durch die übereinstimmende Bewegung der einzelnen Glieder bewirkte Harmonie des Leibes Wie aber bei einem Musikinstrument, wenn eine Saite zerrissen oder verzogen ist, der Einklang gestört wird, ebenso wird durch eine Verletzung des Körpers der Einklang desselben in Verwirrung gebracht und der Tod herbeigeführt. Diese Auffassung der Seele, als die Gesammtwirkung des Leibes, einen unter pythagoreischem Einfluss entstandenen feineren Materialismus, widerlegt Lactanz mit dem Hinweis auf den Fehler des Vergleichs. Während nemlich jedes Musikinstrument, um einen Wohllaut hervorzurufen, der Hände bedarf, die dasselbe schlagen oder spielen, ohne Berührung des Künstlers aber stumm und tot daliegt, denkt die menschliche Seele aus eigenem Antrieb, und bewegt sich, ohne eine äussere Veranlassung nötig zu haben.

---

[1]) Vgl. Inst. VII, 7, 12. 8. 8. 13. 7.
[2]) Vgl. Inst. VII, 13. 9—11. de opif. 16, 13—18. Siebeck. Gesch. d. Psych. I, 2. S. 163/164.

§ 2.

Die Substanz der Seele.

Ist zunächst die Existenz der Seele festgestellt, so liegt die Frage nach dem Stoff, aus dem sie besteht, am nächsten. Hierbei ist es interessant zu sehen, wie Lactanz trotz des immer wieder betonten Gegensatzes zwischen Leib und Seele und des ethischen Dualismus zwischen beiden, bei Bestimmung ihres Wesens, „den im Princip bestrittenen Naturalismus nicht von sich abthun kann" (Sieb. S. 367.) Zwei Anschauungen stehen sich unvereint gegenüber, trotz des Bestrebens, sie zu verschmelzen, auf der einen der stoische Materialismus mit der Lehre von der Körperlichkeit der Seele und ihrer Bestimmung als Pneuma[1]), auf der andern die auf christlicher und neuplatonischer Grundlage ruhende Ansicht von der Unvergleichbarkeit und Unkörperlichkeit des menschlichen Geistes. Während bei Tertullian die erstere Ansicht consequent durchgeführt wird, die Seele demnach bei ihm als materielle Substanz erscheint, während dem entgegen Gregor von Nyssa die Seele als οὐσία αὐτοτελής, ἀσώματος, die dynamisch mit dem Körper vereinigt ist[2]), definiert, ist bei Lactanz eine klare Entscheidung nicht zu finden.

Fassen wir zunächst die verschiedenen von Lactanz der Seele beigelegten Attribute ins Auge. Wie Gott ist sie ohne Körper, daher kann sie mit den Augen nicht wahrgenommen werden, ebenso wenig kann sie berührt oder befühlt werden. Daraus folgt, dass sie von allem Festen und

---

[1]) Ueber den in einem System von so ausgesprochen ethischer Richtung befremdenden „Materialismus der Stoiker", vgl. u. a. Lange, Gesch. d. Materialismus I, pag. 72. ff.

[2]) Vgl. Volkmann, Lehrb. d. Psych. 110 u. 140. Siebeck I, 2. S. 371 u. 375. Hauschild, Tert. Psych. S. 25.

Körperlichen keine Gewalt erdulden kann, unteilbar und unzerbrechlich ist, endlich überhaupt nichts Festes oder Auflösbares enthält[3]), weshalb Lactanz auch der Ansicht Cicero's beipflichtet, der an der Seele „nichts Gemischtes oder Zusammengewachsenes, nichts aus der Erde Geborenes oder Geschaffenes, nicht einmal etwas Feuchtes, Luftförmiges oder Feuriges" wahrnimmt. (de ira 10, 45.)

Hierzu kommen eine Reihe positiver Bestimmungen. Vor allem betont Lactanz ihre Feinheit und Dünnheit[4]), die die Unmöglichkeit sie zu sehen oder zu berühren bedingen, so dass nur ihre Kraft und ihre Wirkungen beweisen, dass sie in den festen Eingeweiden enthalten ist; er stimmt den Worten Vergils bei: (Aen. 6, 702) „Wie leicht wehende Wind' und geflügeltem Schlafe vergleichbar."

Daneben wird sie als dauerhaft, unveränderlich, ja als dicht in directem Widerspruch zu andern Stellen, bezeichnet[5]), Attribute, die bereits zeigen, dass Lactanz seiner Lehre von der Unkörperlichkeit der Seele nicht treu bleibt. Eben so führen zum Materialismus sein Glaube an die Sichtbarkeit der Seelen bei Citationen, an ihre Fähigkeit von Seiten Gottes erfasst und berührt zu werden, sowie nach dem Tode Leiden zu erdulden.[6])

---

[3]) incorporalis. Inst. VII, 9, 7. 21, 1. invisibilis u. a. III, 12, 2. V. 21, 11. VII, 9, 7. 11. 9. 10., de op. 19. 9., de ira 10. 43.. tactum visumque fugiens, nihil concreti, nihil terreni ponderis habet, non fragilis VII, 12, 2. 3. 8., incomprehensibilis VII, 20. 11., de op. 16, 1, nihil solidum et contrectabile VII, 21, 1. 2., intractabile de ira 15. 3., individuum VII, 8, 7., non solubilis VII, 13, 1.

[4]) tenuis et subtilis: III, 12, 2. VII, 4, 12. 8. 6. 12. 2. 3. 20, 11., de ira 15. 3., de opif. 16, 12.. Inst. VII, 13, 8.

[5]) stabilis et constans V, 21, 11. — Vgl. de ira 15. 3 alterum (anima) solidum et aeternum est und Inst. VII. 21, 2. cum in se nihil habeant solidum et contrectabile.

[6]) Inst. VII, 13, 7. 20, 11. ff. Vgl. § 15.

Als Antwort auf die Frage nach dem Stoff, aus dem die Seele besteht, finden sich verschiedene Bestimmungen. Da sie vom Himmel stammt und von Gott den Menschen eingehaucht ist, ist sie ein Teil des göttlichen Geistes, sie besteht aus himmlischem Hauch (ex coelesti spiritu VIII, 12, 1. ff.), also aus einem vollkommen andern Stoff, als der aus der schweren und zerstörbaren Materie zusammengesetzte Körper, sie ist spiritus (VII, 20, 11.), und wird wenn sie den Körper verlassen hat, allein im Geiste leben. (in solo spiritu vivere III, 12, 34.) Aus dieser Bestimmung, die die Seele als fremdes Element von den übrigen Bestandteilen der Erde und des Menschen scheidet und dem Himmel zuschreibt[7]), erklärt sich die Polemik gegen die verschiedenen, land-läufigen Ansichten über die Substanz der Seele, die wir in de opif. 17, dem frühesten[8]) Werke des Lactanz finden.

Lactanz beginnt mit dem Eingeständnis, dass man über die Art und Natur der Seele nichts wissen könne, nur ihre Unsterblichkeit erkennen wir. Von den verschiedenen An-sichten der Philosophen über die Substanz der Seele, trifft keine das Richtige, und wird vielleicht keine es jemals treffen.

1. Die Ansicht, dass die Seele Blut sei, stützt sich darauf, dass wenn das Blut durch eine Wunde entströmt, oder durch Fieberhitze aufgezehrt wird, die Seele zu er-löschen scheint. Wenn man aber hierdurch veranlasst werden sollte, die Seele für Blut zu halten, so würde dies dasselbe sein, als wenn man auf die Frage, was Licht sei, antworten würde „Oel", da ja das Licht erlöscht, wenn das Oel verzehrt

---

[7]) Vgl. Inst. II, 12, 3. VI, 1, 10; VII, 4, 12. de ira 15, 3.

[8]) Daher die verschiedenen Unterschiede zwischen den Ansichten dieses Werkes und der Inst. div.

ist; vielmehr sind beide verschieden, das eine das Nahrungs-
mittel des anderen. Die Seele gleicht dem Lichte, sie ist
nicht selbst Blut, sondern wird durch die Feuchtigkeit des
Blutes ernährt, wie das Licht durch das Oel. (Vgl. VII,
12, 23.)

Die Ansicht, dass das Blut nicht nur der Sitz der Seele,
sondern der Träger der seelischen Functionen selbst sei,
findet sich bei keinem Philosophen. Denn auch bei Kritias,
der die Empfindung „durch die Beschaffenheit des Blutes
bedingt glaubte" (Sieb. I, 1, 94.) und Empedocles, nach dessen
Anschauung die vier Elemente im Blut gemischt sind, so
dass er aus der Beschaffenheit dieser Mischung die Beschaffenheit der Erkenntnistätigkeit erklärt, (Sieb. I, 1, 126) ist die
Seele wohl im Blut enthalten, aber nicht selbst Blut. (Sieb.
l, 1, 149.).

2. Die Ansicht, dass die Seele Feuer sei, stützt sich
darauf, dass der Körper warm ist, so lange die Seele in ihm
vorhanden, kalt aber, sobald sie ihn verlassen. Aber das
Feuer hat kein Gefühl, während die Seele damit begabt ist,
es wird gesehen, während die Seele unsichtbar ist, es ver-
brennt bei der Berührung. Hieraus ergibt sich, dass die
Seele etwas Höheres, Gott ähnlicher ist. Offenbar ist diese
Ausführung gegen die stoische Bestimmung der Seele als
feurigen Hauch oder „trockenes Pneuma" gerichtet.[9])

3. Die Ansicht, dass die Seele Wind sei, entstand,
weil man sah, dass das Leben besteht, indem man aus der
Luft den Athem einzieht. So ist nach Varro's Auffassung
die Seele, die durch den Mund aufgenommene, in den Lungen
erwärmte, im Herzen gemilderte und durch den Körper ver-

---

[9]) Vgl. Zeller, d. Philos der Griechen III, 1, 195, Anm. 2. Sieb.
I, 2, 167 ff.

breitete Luft. Gegen diese mit dem stoischen Materialismus
verwandte Definition (Zeller III. 1. S. 673) wendet Lactanz
seine Anschauung von der Entstehung der Seele zugleich mit
dem Körper, während wir nach des Varro Ansicht im Mutter-
leib tot gewesen sein müssten.

Ist auch keine dieser Ansichten richtig, so enthält doch
eine jede etwas Wahres: Denn durch Blut, Wärme und Atem
leben wir. Es drücken also diese Definitionen nicht aus, was
die Seele ist, sondern nur, wodurch sie besteht. Das erstere
ist ebensowenig möglich, wie das Schauen der Seele.

Während in diesem Abschnitt das Problem nicht gelöst, ja seine Beantwortung für unmöglich erklärt wird,
schliesst Lactanz sich in den Inst. div. entschieden an die
stoische, hier noch bekämpfte Ansicht an. Das himmlische
Element, aus dem die Seele besteht, der Hauch (spiritus),
der ihr Wesen ausmacht, ist das Feuer und dessen Substanz
die Wärme. Auch das Wesen Gottes besteht in Wärme
und Feuer [10]; das irdische Feuer stammt vom Himmel und
zeigt durch seine Beweglichkeit und sein Aufwärtsstreben,
sowie dadurch, dass der Mensch es allein gebraucht, dass es
das himmlische Element ist. (II, 9, 25. VII, 9. 13.) Daher
nennt er die Seele geradezu Feuer [11], sie ist mit Licht begabt im Gegensatz zu dem finstern Körper (VII, 4. 12), ihr
Stoff ist die Wärme. ((II. 9, 22.)

Lactanz steht mit diesen Bestimmungen vollkommen
auf dem Boden des hylozoistischen Materialismus der Stoiker,
für den in der ganzen Welt Feuer und Luft das herrschende
Prinzip sind, die Einzelseele als „Absenker der Weltseele"
ebenso aus Feuer besteht, wie diese. In ähnlicher Weise,

---

[10] II, 9, 16 cum virtus dei sit in calore et igni squ.
[11] II. 12, 14 quodsi anima ignis est, ut ostendimus squ.

wie Cicero[12]) schwankt er über das Wesen der Seele; während er sie für immateriell erklären möchte, ihre Superiorität so oft wie möglich betont, kann er doch die Ansicht von ihrer Körperlichkeit nicht los werden, ja definiert zuletzt ihr Wesen analog den Stoikern, zu deren Ansicht ihn die oben erwähnte Bestimmung, dass die Seele zu ihrer Nahrung des Blutes bedürfe, wie das Licht des Oels, bereits hingewiesen hat, da dieselbe ebenfalls stoischen Ursprungs ist. (Vgl. Zeller 196 und die in Anm. 9 erwähnten Stellen.)

§ 3.
Die Entstehung der Seele.

Dadurch dass die Seele aus einem Elemente besteht, das auch ausserdem in der Welt enthalten ist, wird ihr Verwandtschaftsverhältnis mit Gott, bei Lactanz sowenig, wie bei den Stoikern und Cicero, beeinträchtigt. Bei allen diesen ist sie ein Ausfluss des göttlichen Wesens, nur dass Lactanz, da er sich das Wesen Gottes anthropomorphistisch vorstellt, die Seele den Menschen von Gott „aus der Lebensquelle seines ewigen Geistes" eingehaucht sein lässt; „Gott bekleidete seinen Hauch mit einem irdischen Körper".[1]) Daher stammt die Seele vom Himmel, dort ist ihr Ursprung, zu dem sie wieder zurückkehren wird, wie schon der aufrechte Gang und der nach oben gerichtete Blick des Menschen beweisen.

Nicht nur die erste Menschenseele ist göttlichen Ursprungs, sondern eine jede wird von Gott neuge-

---

12) Vgl. Zeller III, 1, 667, 668.
1) Inst. II, 12, 2 spiravit ei animam de vitali fonte spiritus sui, qui est perennis. VII, 5, 13 spiritum suum terreno corpore induit et involvit. Vergl. ferner: III, 12, 31. VI, 2, 13. 9, 1 u. a.

schaffen. Hierdurch tritt Lactanz zunächst in Opposition zur Praeexistenz- und Seelenwanderungslehre Plato's und der Pythagoreer. Er hält diese Ansicht für nicht im Ernst der Widerlegung wert und erklärt die Erzählung des Pythagoras, dass er in einem früheren Leben Euphorbos gewesen, für eine für leichtgläubige Kinder erfundene Fabel eines schwachsinnigen Greises (III. 18. 15. 16) Hauptsächlichen Anstoss nimmt er offenbar daran, dass die menschliche Seele auch in Tierleiber übergehen soll, was ihm unmöglich erscheint, da die Seele so wenig ihre Natur verändern kann, wie das Feuer nach unten oder seitwärts zu fliessen im Stande ist, wie ein Fluss.[2]) Ausserdem ist die Seelenwanderung unnütz, da Gott, so gut er die alten Seelen geschaffen hat, auch neue schaffen konnte. (Inst. III. 19. 19. 20. VII. 12. 30. 31).

Ebenso wendet sich Lactanz gegen die atomistische Theorie des Epicur, dass die Seele entstanden sei durch zufällige Zusammenfügung der feinsten Atome. „Aus was für Samen können Gefühl, Gedächtnis, Erinnerung, Geist und Talent zusammengefügt werden?" (de ira 10, 22.) Und wenn dies möglich ist, kann es geschehen ohne Vernunft? Wenn die Vorsehung in der Welt fehlt, kein Gott in ihr regiert, „woher glaubt man, sei der so geschickte, so vernünftige Menschengeist entstanden". „Wenn der Körper des Menschen aus Erde geschaffen ist, konnte der Geist, der weise ist und Lenker des Körpers, dem die Glieder, wie ihrem Herrn gehorchen, der weder gesehen, noch erfasst werden kann, nur in den Menschen durch eine weise Natur gelangen." (de ira 10. 42. 43.) Auf diese Art weist Lactanz die Entstehung der Seele aus Atomen mit dem Hinweis auf ihre Vernünftig-

---

[2]) Nach der Lesart: fluminis modo.

keit zurück, die unmöglich aus unvernünftig zusammenstossen-
den Körpern sich erklären lässt, sondern auf eine Vorsehung,
die sie geschaffen, hinweist.

Wichtiger als diese Untersuchungen ist die Stellung des
Lactanz zu der Frage nach der Art der Entstehung
der Einzelseele, mit Bezug auf die Entstehung
des Körpers. Hierbei tritt er in Gegensatz nicht nur zu
den Stoikern, sondern auch zu einem grossen Teil der Kirchenväter, da die hohe Stellung, die er der Seele einräumt, ihn
zu einem Anhänger des Creatianismus macht. (Vergl.
Sieb. I,2, S.368.) Während nach stoischer Lehre die Kindes-
seele aus Teilen der elterlichen Seelen im Mutterleibe entsteht,
eine Ansicht, die in ähnlicher Weise von Epicur und Tertullian vertreten wird, ist bei Lactanz zur Entstehung
jeder einzelnen Seele ein eigener Schöpfungsakt
notwendig.

Er verwirft daher die Frage, ob die Seele vom Vater
oder der Mutter oder von beiden stamme, als von vornherein
unrichtig gestellt. Der Körper kann wohl aus andern Körpern
entstehen; zu ihm tragen Vater und Mutter etwas bei. Aus
der Seele kann keine neue Seele erwachsen, da von einer un-
körperlichen Sache nichts abgetrennt werden kann. (ex re
tenui et incomprehensibili.) Aus Sterblichem kann nur Sterb-
liches erzeugt werden, die Erschaffung der Seele ist einzig
und allein Sache Gottes. Trotzdem wird die Seele nicht etwa
erst nach der Geburt in den Körper eingepflanzt, sondern so-
gleich nach der Empfängnis, sobald sich der Fötus im Mutterleibe bildet. Wir würden ja sonst vor der Geburt tot sein,
was der Erfahrung widerspricht. Auch würde der Vater es
empfinden, wenn durch einen Teil seiner Seele die des Kindes
entstünde. Überhaupt ist die ganze Entwicklung des Menschen Sache Gottes, die Bildung des Körpers, wie die Ein-

hauchung der Seele, die unverletzte Geburt, und was noch hinzukommt, den Menschen zu erhalten. Sein Werk ist, dass wir atmen, leben und wachsen. Auch die Weisheit verleiht nur er, woher es kommt, dass von Thoren weise Kinder, von Weisen thörichte Kinderstammen. (Vgl. de opif. 17, 7. 8. 19, 1—6.) Der Creatianismus erklärt sich aus dem Dualismus zwischen Seele und Leib und dem hohen Werte der ersteren, steht aber mit der materialistischen Tendenz des Lactanz nicht recht in Einklang.

§ 4.

Die Einheit der Seele.

Es giebt nur eine Seele im Menschen. Dieser Satz steht für Lactanz von vornherein so fest, dass er ihn zum Beweise der Einheit Gottes benutzt. Die Annahme einer Mehrheit von Göttern, erscheint ihm ebenso, wie wenn Jemand in dem einen Körper viele Geister annehmen wollte, da ja die Dienstleistungen der einzelnen Glieder vielerlei und. mannigfaltig sind, ebenso wie wenn man glauben wollte, dass für die einzelnen körperlichen Sinne, für die verschiedenen Affecte ebensoviel Seelen wirksam wären, während doch ein Geist die Leitung über so viele Dinge besitzt, und mit allen zugleich beschäftigt ist. (Inst. 1. 3, 20.) Mehrere Leiter der Welt kann es nicht geben, so wenig, wie in einem Haus mehrere Herren, oder in einem Schiff viele Steuermänner, oder in einem Körper mehrere Seelen. Es giebt nur einen Gott, wie jeder Körper nur von einem Geist bewohnt und regiert werden kann. (de ira , 14. 15.)

Wie erklärt sich aber bei der Voraussetzung der Einheitlichkeit der Seele der ebenfalls von Lactanz hervorgehobene Dualismus zwischen Seele und Geist, anima und

mens ? [1]) Offenbar ist nicht an eine Trichotomie des Menschen
zu denken, wie in der paulinischen Psychologie, eher an eine
Zweiteilung des einen Seelenwesens, und zwar kommt die
Ansicht des Lactanz gerade der Auffassung dessen sehr nahe,
gegen den er dieselbe anwendet, nämlich der des Lucrez. [2])
Derselbe unterscheidet den vernünftigen Teil der Seele als
animus oder mens vom unvernünftigen, der anima. Der erstere bildet das Leben der Seele; ihm gehören Vernunft, Ge-
müt, Wille an; beide bilden aber zusammen nur ein Wesen,
obwohl beide sich in verschiedenem Zustande befinden können.

An zwei Stellen spricht sich Lactanz über diese Unterscheidung aus; während er in der früher geschriebenen die
Frage noch offen lässt, entscheidet er sich in der zweiten im
Sinne des Dualismus. Wie bei der Frage nach der Seelensubstanz findet sich auch hier erst in dem späteren Werke
eine Entscheidung.

In de opif. 18, 1—3 erscheint ihm die Frage unauflös-
lich, ob anima und animus [3]) dasselbe seien, oder die erstere,
wodurch wir leben, der andere, wodurch wir denken oder
Verstand haben. Beweise giebt es für beides. Die die Einheit betonen, sagen, dass man ohne Gefühl nicht leben, noch
ohne Leben fühlen könne; es kann aber nicht von einander
verschieden sein, was nicht von einander getrennt werden
kann. Also haben beide ihren Grund in einem Wesen. Die
Gegner argumentieren folgendermassen: Der Geist (mens) kann

---

[1]) Inst. VII, 12,9. non est idem, mens et anima squ.
[2]) Nach Zeller III, 1. 419. Anm. 2. Sieb. I. 2, 176. Lange I,
pag. 112. Dagegen sagt Lactanz von ihm, dass er animus und anima
ohne Unterschied gebrauche. (de op. 18,2.)
[3]) Die Identität von animus und mens wird von Lactanz de
opif 16,9: sensus ille vivus atque coelestis, qui mens vel animus nun-
cupatur hervorgehoben. Doch gebraucht er auch beide Ausdrücke neben
einander, in de ira 10,44 sicut omne corpus mens et animus gubernat.

2*

vernichtet werden, ohne dass die Seele (anima) verletzt wird, was bei den Wahnsinnigen stattfindet. Ferner ruht die Seele im Tod, der Geist bereits im Schlaf, und zwar so, dass er nicht nur nicht weiss, was er thut und wo er ist, sondern auch durch die Betrachtung falscher Dinge getäuscht wird. Auf den letzten Standpunkt stellt sich Lactanz in Inst. VII. 12, 9. 10. und wendet denselben gegen einen der Beweise des Lucrez für die Sterblichkeit der Seele an. Dieser erschliesst dieselbe nämlich aus der Zunahme der Einsicht (sensus) bei Kindern und der Abnahme derselben bei Greisen. Dagegen hebt Lactanz den Unterschied zwischen anima, der Lebensfunktion der Seele und mens, der Denkthätigkeit hervor, beweist denselben durch die in obiger Stelle angeführten Gründe und erklärt Wachstum und Abnahme der Geisteskräfte für Sache der mens, während die anima von dem Augenblicke an, in dem sie die Fähigkeit zu leben erhalten, in gleichem Zustande verharrt.

Der Widerspruch zwischen diesem Dualismus und der Einheit des Seelenwesens löst sich bei einer durchgängigen Betrachtung des Gebrauchs beider Worte. Durch dieselbe finden wir nämlich, dass mit der Bezeichnung anima, das von Gott geschaffene, dem Menschen eingehauchte Wesen gemeint ist, die Thätigkeit dieses Wesens aber, worunter alles zu verstehen ist, was durch dasselbe geschieht, ausser den rein physischen Functionen, mit mens oder animus bezeichnet wird.

Zum Beweis seien im folgenden die einzelnen Arten des Gebrauchs beider Worte bei Lactanz neben einander gestellt. Anima bezeichnet stets den Teil des spiritus dei, der dem Menschen bereits vor seiner Geburt mit der Bestimmung zur Unsterblichkeit von Gott gegeben wird, und ihn erst im Tode verlässt. Sie macht in Verbindung mit dem Körper den Menschen aus, II, 12, 3 u. a.) steht aber in Gegensatz zu dem ersteren, erfüllt ihn, wie der Inhalt ein Gefäss (VII, 12, 21). Deshalb findet sich am häufigsten der Dualismus anima-corpus[4]) fast immer redet Lactanz von der immortalitas animae[5]) Gott heisst parens animae (VI, 9, 1. de ira 23, 17.): er hat beschlossen eine ungeheure Menge derselben zu schaffen (II, 10, 2.), die später von Christus gerichtet werden sollen (IV, 12, 21). Als Lebensprincip äussert sie sich im Atem und wird durch die in die Lunge eintretende Luft ernährt und im Körper festgehalten (de opif. 11, 3—5). Mit anima wird daher auch das Leben schlechthin bezeichnet (V. 17. 19. 22. 18. 12. 19.1.). Da sie als ethisches Wesen im Kampfe liegt mit dem Körper, ist sie veränderungs- und leidensfähig: die bösen Geister haben es darauf abgesehen, sie zu richten: durch Leidenschaften, falsche Religion u. a. wird sie dem Körper unterworfen und fällt ewigem Tod und fortwährender Verdammnis anheim (II. 16. 21. 18. 5. u. a.).

Diesem Wesen kommt aber seine einzigartige Stellung zu durch seine geistige Thätigkeit, durch die es fähig ist, zu denken, zu erkennen und zugleich bei allem, was geschieht, mitzuwirken. In diesem Sinne heisst es mens oder animus. So wird Gott genannt divina et aeterna mens (I, 3, 4. VII. 3, 4.) in seiner Eigenschaft als vernünftig schaffender Geist, während er seiner Substanz nach spiritus sempiternus heisst. Alles Wissen des Menschen ist Sache des Geistes (mens III. 6, 3.), die Weisheit gelangt zu ihm durch die Sinnesorgane; er vermag mehr zu erkennen, als die Schärfe des Körpers (II. 3, 9. VII. 13, 11.); nur durch ihn wird das

---

[4]) Inst. II, 12, 3. VII, 4, 12 (Buenemann liest animus) VII, 5, 16. 12.19 de opif. 11,3. de ira 15,3.
[5]) Inst. III, 12,25. 34. VI, 3,5. 9,20. VII, 6,2. 9,1. u. v. a.

wahre Wesen Gottes erkannt (VII, 8, 4. III, 27, 16.), wenn auch
diese Fähigkeit gehindert wird durch die Gemeinschaft mit
dem Körper (IV,23,3); die Sprache ist die Dolmetscherin des
Geistes (VI. 18,6. de opif. 10,13.), er selbst das Licht der
Seele. (III, 27,14.)

Bei aller Thätigkeit des Menschen ist der Geist mitwirksam. Nicht nur bei allen höheren Aufgaben, wie der Gottesverehrung, die ganz in mente stattfinden muss, (V, 19,30.)
sondern er lenkt, regiert den Körper, gebraucht dessen Dienstleistungen (VI, 1.7. de ira 10,43.), selbst alle sinnlichen Functionen finden unter seiner Unterstützung statt. (VII, 11,7 de
opif. 8, 10 ff,) Auch die Wünsche, die die Seele hegt, hegt
sie mittels ihrer Eigenschaft als Geist (VII, 11,7.), die Güter,
die sie zu erlangen sucht, heissen aus demselben Grunde bona
animi (III, 8, 16. VI, 1, 10. VII, 23); auch das höchste dem Menschen allein zukommende Gut ist Sache des Geistes (solius
animi III, 9, 1). Da also animus gerade das an der Seele
bezeichnet, was den wesentlichsten Unterschied zwischen ihr
und dem Körper ausmacht, so findet sich an Stelle des
Dualismus anima - corpus auch animus - corpus.[6]

Hiermit stimmt überein die Bezeichnung der mens als
intelligentia (VII, 12,10), als „Fassungsvermögen, Verstand".
Als solcher ist natürlich sein Inhalt nie derselbe, vielmehr
sowohl in den einzelnen Menschen verschieden, als auch im
Kind und Greis geringer als im erwachsenen Mann. Er
wächst mit dem Kindesalter, erreicht einen gewissen Höhe-
punkt und nimmt mit dem Verfall des Körpers ab. Ebenso
ist der Geist bei seiner fortwährenden Thätigkeit auch stets

---

[6] Inst. III, 12,1. wo animus durchweg im Sinne von anima gebraucht wird. VI, 1,10 de ira 19,1. — Bei dem in gleichem Sinne
gebrauchten Dualismus spiritus - caro in Inst. IV, 25,6 tritt an Stelle
der gegenübergestellten Wesen deren Substanz.

in anderem Zustande. Die Dämonen verwirren und erschüttern ihn und suchen ihn von der Gottesverehrung abspenstig zu machen, (II, 14,14. 16,3. V, 21,3.) um die Seele (anima) zu vernichten. Die Affekte sind nach Ansicht der Stoiker perturbationes animi, Zorn und Leidenschaft sind ebenso wie Friede und Geduld Eigenschaften des Geistes, (II, 17, 4. VI, 14, 7. ff. de ira 18, 10.). Vergnügungen vernichten seine Kraft und Stärke, Musik nimmt ihn gefangen, alles sündhafte Thun geschieht durch ihn, während es die Seele zu Grunde richtet. (VI, 20, 9. 21. 4, 5. ff.)

Er kann auch ganz fehlen. Dies geschieht bei den Wahnsinnigen (mentibus capti) „denn ohne Geist vermag man nicht nur nicht mehr die Zukunft vorauszusagen, sondern überhaupt nichts zusammenhängendes mehr zu reden" (I, 4, 3.); dass die Seele aber denselben bleibt, beweist ihr Name: dementes und nicht exanimes (VII, 12, 9.). Er ruht im Schlaf, bedeckt von demselben, wie glimmendes Feuer durch Asche, und wird im Traum durch falsche Bilder beschäftigt: (de opif. 18, 3.) er vermag auch auf kurze Zeit den Körper zu verlassen, so in der Ohnmacht (oblivio sui VII, 12, 17—19.). veranlasst durch Krankheit und Schwäche des Körpers.

Hierbei ist endlich eins nicht zu übersehen. Keineswegs wird, wie bei Lucrez die unvernünftige Thätigkeit der Seele als anima von der vernünftigen als mens geschieden, sondern anima bleibt immer der allgemeine, mens der spezielle Begriff. Daher werden auch in Inst. VII, 12, 11, ff. nachdem Lactanz soeben die Verschiedenheit von anima und mens anerkannt hat, von der ersteren Dinge ausgesagt, die nur der letzteren zukommen, wie: „Sie hat keine Kenntnis ihrer Göttlichkeit, sie hört und lernt alles und erfasst die Weisheit durch Hören und Lernen. Nach der obigen Auseinandersetzung werden wir im Sinne des Lactanz ergänzen müssen: „vermittels ihrer Thätigkeit als mens." [7])

§ 5.
Der Sitz der Seele.

Die Frage nach dem Sitz der Seele hat zu allen Zeiten nicht nur die Philosophen, sondern die Menschen überhaupt beschäftigt. Dieselbe liegt auch sehr nahe. Denn sobald die Seele als ein auch unabhängig vom Körper existirendes Wesen aufgefasst wurde, musste man sich nämlich fragen: Wie kommt dies Wesen in Zusammenhang mit jenem ihm ursprünglich durchaus fremden und gegensätzlichen Sein? Ist ihm ein Teil desselben als Wohnsitz angewiesen oder sind die einzelnen Funktionen des Seelenwesens verteilt auf verschiedene Organe des Körpers? Es ist interessant zu sehen, wie gerade bei dieser Frage der Unterschied zwischen der stoischen und epikureischen Auffassung der Seele deutlich hervortritt. Beide bestimmen das Wesen derselben materialistisch, bei beiden ist sie ein Körper, bei beiden wird derselbe durch den ganzen Leib verbreitet gedacht; während aber jener feine Körper bei den Stoikern eines körperlichen Organes im Leben bedarf, in dem derselbe seinen Sitz hat (das Blut) und daher im Tode sich von diesem Organe trennt, um selbstständig wenigstens eine Zeit lang fortzudauern, ist bei Epicur der Seelenstoff selbst ein Organ, ein Bestandteil des leiblichen Lebens, der mit der Auflösung im Tode zu Grunde gehen muss. (Lange I, 80, 81.).

Bei Lactanz finden wir in betreff der Frage nach dem Sitz der Seele mit Ausnahme der die Unsterblichkeit ausschliessenden Ansicht Epicurs Bruchstücke aus fast allen

---

[7]) ebenso Inst. III, 9, 17. deus anima contemplandus est. (Fritzsche liest animo.)

damals vertretenen Auffassungen. Nach den Auseinandersetzungen in § 2 scheint das Blut der Seelensitz zu sein, das nicht als Stoff, sondern als Nahrung der Seele angesehen wird, wie das Oel das Licht ernährt. (Vgl. § 2. sowie Inst. VII, 12, 23 u. de opif. 17, 3.) Es wird demnach die Seele durch den ganzen Körper verbreitet gedacht wie das Blut, so dass, wenn bei Krankheiten die Fieberhitze das Blut verzehrt, nach und nach die Seele aus dem Körper entweicht, wobei, da die Arterien der äusseren Gliedmassen zuerst vertrocknen, dieselben auch zuerst erkalten müssen. Hiermit stimmt überein, wenn das Herz der Quell des lebenden Blutes ¹) heisst. Dagegen wird de opif. 11, 3 die Lunge als Sitz der Seele und die Luft als ihre Nahrung bezeichnet. Der Dualismus corpusanima wird in der angeführten Stelle auch auf die Eingeweide, auf Magen und Lunge ausgedehnt; ersterer ist zur Ernährung des Körpers bestimmt, letztere zur Aufnahme und zum Ausatmen der Luft, zur Erhaltung der Seele. Dieser Widerspruch lässt sich vielleicht auf folgende Art lösen: Die Seele als einheitliches Wesen durchdringt den ganzen menschlichen Körper und wird in demselben durch die verschiedenen Arten der Eingeweide festgehalten. (de opif. 14, 9.). Damit sie in denselben bleibt, bedarf sie einmal des lebendigen Blutes, ebenso auch der Luft, die in die Lunge ein und aus ihr ausgeatmet wird. Als Sitz dieser einen physischen Function der Seele heisst dieselbe sedes animae.

Hierdurch erklärt sich auch, dass den einzelnen Affecten bestimmte Teile des Körpers zugewiesen werden, sowie die Frage nach dem Sitz des Geistes. (mens.) In welchem Teile des Körpers hat die intellektuelle Thätigkeit der Seele ihren Sitz? Lactanz bespricht die verschiedenen

---

¹) de opif. 10, 11. fontes vivi sanguinis. de opif. 14, 4. vivus sanguinis fons.

Ansichten hierüber in de opif. 16; doch will er seine Auffassung nicht als unbedingt richtig hinstellen, sondern nur die Schwierigkeit der ganzen Frage auseinandersetzen, um hierdurch die Grösse der Werke Gottes zur Erkenntnis zu bringen.

1. Gegen die Ansicht, dass der Sitz des Geistes in der Brust sei, spricht erstens, dass eine Sache, die „im Lichte der Vernunft und Erkenntnis lebt", einen dunklen und finstern Wohnsitz haben soll, ferner, dass in ihm die Empfindungen (sensus) aus jedem Körperteil zusammentreffen, so dass er in jedem Glied anwesend zu sein scheint.

2. Die Ansicht, dass der Sitz des Geistes im Gehirn sei, hat weit mehr Wahrscheinlichkeit für sich. Zunächst spricht dafür, dass der Teil, der die Leitung über den gesammten Körper hat, auch im obersten Teil, gleichsam in der Burg desselben wohnen muss, wie auch Gott, der Herr der Welt, in dem höchstgelegenen Teil derselben wohnt. Ferner haben alle Sinne, d. h. die zum Hören, Sehen und Riechen dienenden Glieder ihren Sitz am Kopf, und von ihnen aus führen Wege nicht nach der Brust, sondern nach dem Gehirn. Endlich würden die Sinneseindrücke später stattfinden, „bis die Kraft des Empfindens auf dem langen Wege durch den Hals zur Brust herabgestiegen ist". Aus diesen Gründen erklärt Lactanz diese Ansicht für die wahrscheinlichste und fügt hinzu, dass der Geist, wenn er in Gedanken versunken ist, sich nach der Brust, wie nach einem geheimen Heiligtum zurückziehe, um einen Entschluss gleichsam aus einem verborgenen Schatze hervorzulocken, so dass wir, wenn wir mit unsern Gedanken beschäftigt sind, weder hören noch sehen, was um uns vorgeht. Wie dies möglich ist, bleibt dabei fraglich, da kein Weg vom Gehirn zur Brust führt; ist es aber nicht so, so bleibt wunderbar, dass es so erscheint.

3. (16, 12.) Die Ansicht, dass der Geist durch den ganzen Körper zerstreut sei, die von Xenocrates vertreten wird, ist ebenfalls möglich, da Empfindung in jedem Teil des Körpers vorhanden ist.

Wie diese Frage, lässt Lactanz auch die im selben Kapitel (16, 11.) besprochene nach der Art der Verbindung des Geistes mit seinem Sitz unentschieden. Welche Macht es bewirkt, dass der Geist im Mark des Gehirns oder in dem Blut des Herzens haftet, kann Niemand begreifen.

Die ganze Art, wie derartige Probleme behandelt werden, zeigt uns übrigens, wie sehr dieselben in den Hintergrund treten gegenüber den ethisch-psychologischen Bestimmungen. Alle jene theoretischen Fragen haben an sich für Lactanz keinen Wert, da sie auf das gute oder schlechte Leben des Menschen ohne Einfluss sind. Er weist dieselben nicht gerade von der Hand, aber erklärt ihre Beantwortung für unmöglich, die Behandlung der Fragen für zwar interessant, doch unwesentlich, er kann daher unbedenklich verschiedene Möglichkeiten offen lassen. Vergl. hierzu § 7 und 8, Anm.

An allen übrigen Stellen, an denen von einem Sitz des Geistes die Rede ist, wird teils das Haupt, teils die Brust als derselbe bezeichnet, mit entschiedener Bevorzugung der erstern Ansicht. Dass der Geist eine bestimmte Gegend des Körpers bewohnt, steht fest, ebenso dass er dieselbe, wenn sie eine Krankheit heimsucht, verlassen kann, um nach der Wiederherstellung zurückzukehren (VII, 12, 18.); welche es ist, bleibt unentschieden. [2]) Häufiger wird der Kopf bezeichnet als der Teil, in dem die ganze Leitung des Wesens sich befindet, (de opif 5, 6.) von dem aus der Geist, wie von einer

---

[2]) III, 28, 15 nisi forte mentem quoque in pedibus constituere malebat, quam in pectore aut in capite.

erhabenen Burg alles beschaut und erwägt (de opif 8, 3.),
desgleichen verrichtet das Gehirn das Empfinden[3]. Dieselbe
Ansicht liegt auch dem Gegensatz zu Aristoteles zu Grunde,
der im Embryo das Herz als Sitz des Lebens und der Weisheit zuerst gebildet werden lässt, während nach Lactanz die
Gestaltung des Menschen mit der des Kopfes ihren Anfang
nimmt (de opif. 12, 6. 7.). Doch heisst daneben auch das
Herz „der Wohnsitz der Weisheit" (de op. 10, 11.) und die
Brust „erfüllt mit der vom Himmel verliehenen Vernunft".
(de op. 10, 26.)

Was das Verhältnis des Lactanz zu den verschiedenen
Philosophen in dieser Frage betrifft, so bemerken wir eine
Uebereinstimmung mit der Stoa, wenn die Seele durch
den ganzen Körper verbreitet gedacht wird und zu ihrer
Nahrung des Blutes bedarf. (vgl. § 2) einen entschiedenen
Gegensatz zu ihr, wenn der geistigen Thätigkeit das
Gehirn als Sitz eingeräumt wird, während das ἡγεμονικόν der
Stoiker sich im Herzen befindet.[4] Diese Ansicht des Lactanz,
die auch den peripatetischen und epicureischen Anschauungen[5]
widerspricht, beruht offenbar auf platonischer Grundlage[6],
die wiederum ihre Vorgänger in den Pythagoreern und
Democrit hat und durch die Mediciner (Galen) ihre Fort-
bildung und Ausdehnung auf die ganze Seele erfuhr.[7]

---

[3] de opif. 10. 10 cerebrum, in quo sentiendi ratio est.

[4] Vgl. Zeller III, 1. 197. 198. Sieb. I, 2. 144. 181, Anm. 4.

[5] Aristoteles hat der Vernunft kein körperliches Organ zugewiesen. (Sieb. I, 2. 52.) Seine Herabsetzung des Gehirns vgl. Volkmann I, 84. Sieb. I, 2. 46. Ueber Epicur vgl. Zeller 418, 419. Sieb. 176
Lange I, 80.

[6] Vgl. die Bezeichnung des Kopfes als arx corporis, bei Plato:
Die Akropolis des Leibes, in der der νοῦς lokalisiert ist (Volkmann
I, 83—85. Sieb. I, 1. 207).

[7] Volkmann, ebendaselbst Sieb. I, 1. 149; I, 2. 266. Lange I, 91.

§ 6.

Die Thätigkeit der Seele.

Alle Thätigkeit der Seele ist Bewegung und zwar nicht nur ihre den Körper belebende Wirksamkeit, sondern vor allem ihr geistiges Thun, Denken und Fühlen. „Die Art und Weise des Geistes besteht in Bewegung", hält daher Lactanz der stoischen Affectenlehre entgegen, „ein unbewegter Geist ist unnütz; er wird weder das Leben selbst bewahren können, weil er nichts thun wird, noch wird er denken, da dies nichts anderes ist als Bewegung des Geistes". Daher raubt die Behauptung der Unbeweglichkeit des Geistes diesem sein wesentlichstes Merkmal (VI, 17, 22. 23). Ferner schildert Lactanz die schnelle Beweglichkeit der Denkthätigkeit in de opif. 16, 9: In einem Augenblick betrachtet der Geist den ganzen Himmel, er durchfliegt die Meere, durchwandert Länder und Städte, alles, was er will, und wenn es noch so weit entfernt ist, stellt er sich vor Augen. Ebenso wird die Schnelligkeit der Seele als Beweis ihres göttlichen Ursprungs gegen Lucrez hervorgehoben (VII, 12. 2) und die Platonische Auffassung von ihrer fortwährenden nicht durch äusseren Anlass hervorgerufenen Bewegung, als richtig anerkannt. (VII, 8. 4.) Dass alle Thätigkeit, besonders die Empfindung, Bewegung sei, wird von Lactanz, ebenso wie von den Epicureern (Lucrez) ohne jeden Beweis als unbezweifelbare Wahrheit hingestellt. Die Frage, wie Bewegung eines nicht empfindenden Körpers nun zur Empfindung, zum Bewusstsein, zur geistigen Thätigkeit überhaupt werde, hat sich Lactanz ebenso wenig vorgelegt, wie irgend einer der alten inbetreff der Seele materialistisch denkenden Philosophen. Der Fehler liegt bei Lactanz vor allem darin, dass er aus der Schnelligkeit und Beweglichkeit (mobilitas) des Gedankens schliesst, dass die ganze Thätig-

keit der Seele Bewegung (motus) sein müsse. (Vgl.
auch Lange I, 112.)

Aus der fortwährenden Bewegung des Geistes erklärt
sich das Wesen des Traumes, dessen Entstehung von
Lactanz weitläufig in de opif. 18, 4—11, kürzer in de ira
17, 3 dargestellt ist. Der Schlaf ist eine von Aussen auf Körper und Geist
wirkende Macht, die aber nur den Körper vollkommen fesselt,
während der Geist durch dieselbe nur bedeckt wird. Wie
das Feuer unter der Asche weiterglimmt, so „zittert und
flackert" der Geist im Menschen, während der Körper un-
bewegt liegt. Da der Geist daher auf sich angewiesen ist,
und sich mit seinen eigenen Gedanken zu beschäftigen gezwungen ist, gestaltet er diese zu Bildern; er beginnt zu
sehen, was er bis jetzt nur gedacht hat. Erst dann tritt für
den Körper vollkommene Ruhe ein, während der Geist neue
Ablenkungsmittel (avocamenta) sich erfindet, um dieselbe
nicht zu unterbrechen, und sich mit falschen Bildern beschäftigt, bis der Körper erfrischt ist, und aus der Ruhe
neue Kraft geschöpft hat. Vollkommene Ruhe tritt nur im
Tod ein, im Schlaf übt der Geist „die ihm von Natur zukommende Bewegung durch mannigfaltige Gesichte". Der
Schlaf erscheint bei dieser Auffassung am erquickendsten,
wenn der Mensch träumt, der Geist also den Körper gleichsam verlassen hat.

In de opif. 17 bespricht Lactanz zugleich die Bedeutung
der Träume: Sie sind dem Menschen zwar vor allem des
Schlafes wegen gegeben; zugleich aber hat sich Gott durch
sie die Möglichkeit freigelassen, dem Menschen die Zukunft
zu lehren. Im allgemeinen schliesst sich Lactanz jener ur-
alten, für ihn durch Vergil vertretenen Ansicht an, dass es
falsche und wahre Träume gäbe. Die falschen sind nur des

Schlafes wegen gegeben, die wahren als Offenbarungsver-
mittlung.

Die Betrachtungen über die prophetische Bedeutung der
Träume fanden in jener Zeit allgemein weit mehr Interesse,
als die theoretischen Untersuchungen über das Wesen des
Traumes. Daher kommt es, dass die Ansicht unseres Kirchenvaters mit keiner der philosophischen Anschauungen in Zusammenhang steht, sondern demselben selbständig anzu-
gehören scheint.[1])

Abgesehen von der Sinnesempfindung ist der Traum
der einzige psychische Vorgang, über den Lactanz
seine Ansicht äussert. Was die übrigen Thätigkeiten der
Seele (oder des Geistes) betrifft, von denen der Traum vollkommen verschieden ist, da er sich unabhängig von dem
Einfluss des Körpers und seiner Organe vollzieht, so findet
sich über dieselben bei Lactanz fast nichts, weder über die
Art der Entstehung der psychischen Vorgänge, noch über
ihre Zugehörigkeit zu bestimmten Seelenvermögen. Im folgenden sind die verschiedenen Arten der Leistungen
der Seele aus den zerstreuten Bemerkungen des Lactanz
unter einheitliche Gesichtspunkte geordnet.

Eine gewisse Einteilung ergiebt das Verhältnis von
anima und mens. Der erstere Ausdruck bezeichnet (vgl. § 4),
zunächst im allgemeinen Sinn die Seele überhaupt, im spezi-
ellen ihre Thätigkeit als Lebensprincip des Körpers (quo
vivimus VII. 12. 9). „Sie verleiht dem Körper Gefühl und
bewirkt, dass er lebt (12. 25). In diesem Sinne heisst sie

---

[1]) Aehnlich ist die Anschauung in der Schrift „über die Diät"
(Sieb. I, 1, 143). Nach derselben ist der Geist ebenfalls im Schlaf gezwungen, seine Aufmerksamkeit auf sich zu richten.

empfindend (sensibilis).[2]) Daneben tritt der Geist (mens) als
die bewusste Thätigkeit der Seele; er ist daher bei allem
Thun des Menschen mitwirksam. Dies gilt für die leiblichen
Bedürfnisse; Essen und Trinken, Kleidung und Schlaf erreicht
der Körper nur durch Unterstützung des Geistes (VII, 11. 7),
da dieser den Körper regiert (de opif. 5. 1.). Ebenso ist er
Urheber der Thätigkeit der Sinnesorgane. Diese sind Teile
des Körpers, daher können sie auch von demselben gerissen
nichts mehr empfinden (de opif. 12. 20); nur im beseelten
Körper sind sie wirksam, sofern das bewusste Sehen, Hören,
u. a. Sache des Geistes ist. Dieser bildet den Mittelpunkt
der Sinnesempfindung (de opif. 16, 3). zu dem durch die Sinne
die Weisheit gelangt (III. 3. 3). Die Denkthätigkeit ist ferner
ganz und gar Sache des Geistes. Daher wird mens in gleichem
Sinne wie intellegentia gebraucht (VII. 12. 20 vgl. auch de
op. 16, 3); das Denken heisst die Bewegung des Geistes
(agitatio mentis VI. 17. 22) und mit ihm sind auch Wissen
und Weisheit Sache des Geistes (III. 6. 3). Kein Werk des
Menschen ist aber möglich ohne den Geist, ohne seine höchste
Thätigkeit, die Vernunft (ratio), durch die der Mensch seine
Werke vorher überlegen muss, ehe er sie ausführt, ebenso
wie auch in der Welt nichts ohne sie geschaffen ist. (Vgl.
II, 8, 33. 34. 52. 11, 14 u. a.).

Dies sind die einzelnen Funktionen der Seele, soweit
sie von Lactanz gelegentlich und ohne System berührt werden.
Eine Aufzählung derselben findet sich endlich in Inst. VII, 8., 5.
in welcher Stelle von der Seele hervorgehoben wird: die Geschicklichkeit im Erfinden, die Schnelligkeit im Denken, die
Leichtigkeit im Auffassen und Lernen, die Erinnerung des

---

[2]) Vgl. Iust. VII, 4, 12 (Bueuemann liest übrigens auimus), ferner
II, 2, 10, wo der Mensch als vivum et sensibile simulacrum dei bezeichnet
wird. II, 5, 30. 10, 3.

Vergangenen und die Vorhersehung der Zukunft, endlich die
Kenntnis der Künste und unzähliger Dinge.

§ 7.

Sinnesphysiologie und Sprachtheorie.

Wie bereits erwähnt, behandelt Lactanz von psychischen
Vorgängen ausser der Traumtheorie nur noch die Art und
Weise, wie die Sinnesempfindungen entstehen. Von
diesen beschäftigt ihn vor allem die Theorie des Sehens,
und zwar ist dieselbe in de opif. 8, 9 ff. bei Gelegenheit der
Beschreibung des Körpers und seiner Theile auseinandergesetzt.

Die Augen gleichen den Edelsteinen an Gestalt; sie
sind an der Vorderseite von einer durchsichtigen Haut bedeckt, in der die Bilder der Aussenwelt sich spiegeln und
auf diese Art zu dem im Innern vorhandenen Geist gelangen.
Dies will Lactanz jedoch nicht so gefasst wissen, als ob die
Bilder in die Augen eindrängen und das Sehen bewirkten
(Democrit. Epicur), sondern der Geist schaut durch die Mem-
brane die Dinge, so dass es seine Wirkung ist, wenn wir
sehen. Falsch sind daher auch die übrigen philosophischen
Ansichten. Denn wir würden, wenn wir durch die Ausdehnung der Luft zwischen dem Auge und dem Gegenstand
(Aristoteles), oder durch vom Auge ausgehende Strahlen
(Stoiker) sähen, die Gegenstände erst dann erblicken, wenn
die Strahlen zu ihnen gelangt wären, also nach und nach,
während wir doch alles uns sichtbare auf einmal sehen. Der
gegen eine derartige Auffassung bereits von Lucrez erhobene
Einwand, dass der Geist dann ohne Augen besser sehen
müsste, ist eine Thorheit, die widerlegt wird, einmal durch
„die specifische Energie" des Auges, — denn dieser uns ge-
bräuchliche Ausdruck giebt den Sinn der Darstellung des

Lactanz vollkommen wieder; — wir würden dann ebensogut mit den Ohren oder andern Oeffnungen des Körpers sehen. Ferner würden wir viel weniger sehen können, wenn der Geist, wie durch ein Rohr die Welt ansähe, während bei der kreisförmigen Gestalt der Augen und ihrer Stellung im vorderen Teil des Gesichts der Blick sich weit ausdehnen kann. Es schaut also der Geist, wie durch Fenster, durch die mit einer reinen Flüssigkeit gefüllten Kreise und zwar speciell durch die in derselben enthaltenen Lichtfunken, die Pupillen; er verbindet auch die beiden Gesichtsbilder in wunderbarer Weise zu einem.

Im folgenden richtet sich Lactanz gegen die skeptische (Arcesilaus) Behauptung der Unwahrheit aller Sinnesempfindungen und zwar greift er aus den Beweisen für die Trüglichkeit des Sehens jenen heraus, dass Wahnsinnige und Trunkene alles doppelt sehen. Der Grund hierzu liegt in der Thatsache, dass der Mensch zwei Augen hat und dass durch die Thätigkeit des Geistes das Sehen stattfindet. Das Doppeltsehn geschieht eben so leicht bei Nüchternen und Gesunden, sowohl wenn ein Gegenstand zu nahe an die Augen gebracht wird in den Zwischenraum, in welchem die Sehkraft beider Augen zusammentrifft, als auch besonders, wenn die Aufmerksamkeit des Geistes nicht auf das Sehen gerichtet ist, sondern er sich mit sich beschäftigt. In diesem Falle trennt sich die Schärfe der Augen, und wir sehen doppelt, bis der Geist sich wieder auf das Sehen richtet. Beim Wahnsinnigen und Trunkenen trügen also nicht die Sinne, sondern der verwirrte Geist vermag seine Thätigkeit nicht mehr auf das Sehen zu richten. Daher kommt es, dass der Einäugige auch im Wahnsinn oder der Trunkenheit nichts doppelt sieht.

Obwohl Lactanz die verschiedenen philosophischen Anschauungen zurückweist, bietet er uns k e i n e s e l b s t ä n d i g e

Ansicht, da das Problem, wie das Sehen stattfindet, un-
berücksichtigt bleibt. Es zeigt sich auch hier, wie bei jener
oben erwähnten Bestimmung, dass alle Thätigkeit der Seele
Bewegung sei, jene oberflächliche Denkweise, die das Problem
gelöst glaubt, wenn sie irgend eine Erklärung gefunden
hat, wenn diese auch, anstatt die eigentliche Frage zu beantworten, dieselbe nur anders stellt. An Stelle des Menschen,
der mittels der Augen sieht, tritt der Geist, der durch die
Augen, wie durch Fenster, in denen sich die Aussenwelt
spiegelt, hindurchschaut.

Bei der Behandlung der übrigen Sinne tritt
recht deutlich die dem Lactanz, wie den Stoikern gebräuch-
liche teleologische Betrachtungsweise zu Tage.
Alle Sinnesorgane, wie überhaupt alle Glieder sind für einen
von vornherein feststehenden Zweck geschaffen. Aus diesem
muss sich nun die Beschaffenheit und Gestalt des betreffenden
Organs erklären.[1]) Zwei Ohren besitzt der Mensch, damit
die Worte von beiden Seiten eindringen können, die Ohr-

---

[1]) Ueberhaupt ist Lactanz ein eifriger Vertreter der stoischen Physicotheologie, und daher stets bemüht, die Zweckmässigkeit alles geschaffenen nachzuweisen. Wie ein Haus gebaut wird
um darin zu wohnen, ein Gefäss gearbeitet wird, um etwas hinein-
zulegen, so ist auch die Welt nicht um ihrer selbst willen da, — denn
sie bedarf weder Sonne noch Regen, weder Wind noch Nahrung, auch
nicht um Gottes willen, — denn er war früher ohne Welt; sondern sie
ist wegen der lebenden Wesen geschaffen und diese wiederum dem
Menschen zu liebe, dem sie dienen. Inwieweit diese Zweckmässigkeit
wirklich vorhanden ist, zeigt Lactanz in derselben übertriebenen Weise
wie sie auch bei den Stoikern beliebt war. (Vgl. Inst. VII, 4 de ira 13
Zeller 172, Anm. 3.). Auch das hiermit in Zusammenhang stehende
Problem der Theodicee und die drei Hauptfragen desselben nach
dem physischen Uebel, nach dem moralischen Bösen und nach dem
Verhältnis der äusseren Lebenszustände zur inneren Würdigkeit, werden
von Lactanz teils übereinstimmend mit der Stoa, teils auch im Gegensatz zu derselben behandelt. (Vgl. Inst. II, 17. V, 21. 22. VII, 5.
Epit. 29 de ira 20. Zeller 174. 175.)

muscheln fangen die gesprochenen Worte auf; sie sind vorhanden, damit die Rede nicht vorbeifliegt und sich zerstreut. Lactanz vergleicht sie mit einem Trichter, durch den Gefässe mit engem Hals gefüllt werden (de opif. 8, 6. 7). Den Geruch- und Geschmacksinn betreffend, sind nur die Functionen der Nase und Zunge angegeben, während sich Lactanz über die Entstehung der Hautempfindungen nicht äussert. Die Dienstleistungen der Nase sind dreifach: sie dient zum Atemholen, zum Riechen und damit durch sie die purgamenta cerebri abfliessen können (de opif. 10, 7). Die Geschmacksempfindung hat nicht am Gaumen, sondern nur an der Zunge ihren Sitz, und zwar die feinste an beiden Seiten derselben. Bei Geruch und Geschmack ist es wunderbar, dass sich weder das Essen, das man schmeckt, noch der Gegenstand, an dem man riecht, vermindern (de op. 10, 20).

Da die Zunge ausser der Geschmacksthätigkeit auch die Function des Sprechens erfüllt, sei an dieser Stelle die Sprachtheorie des Lactanz angeschlossen. Was die physiologische Entstehung der Sprache betrifft, so scheidet die Zunge durch ihre Bewegungen die Stimme in einzelne Worte; sie wird hierbei unterstützt durch die Lippen, den Gaumen und besonders die Zähne, woher es kommt, dass die Kinder nicht eher sprechen lernen, bis sie Zähne haben, und die Greise nach Verlust derselben stammeln (de op. 10, 13. 14). Die Stimme entsteht durch die aus der Lunge ausströmende Luft, da die Luftröhre hauptsächlich zu diesem Zwecke neben ihrem Ausgang in der Nase, auch eine Oeffnung in den Mund hat. Ist diese verschlossen, so tritt Stummheit ein (de op. 11, 10—13).[2] Der zusammengedrängte Atem bringt den

---

[2] Vgl. Inst. IV, 8, 6 sermo est spiritus cum voce aliquid significante prolatus.

Ton hervor, wenn er an der Kehle anschlägt, wie es auch bei einer Pfeife geschieht. Dies ist richtiger als die Ansicht, dass der Atem die äussere Luft „geissele", da die Stimme nicht ausserhalb des Mundes, sondern in ihm entsteht, ja sogar aus der Brust zu dringen scheint. Doch lassen sich alle jene Fragen niemals vollkommen richtig beantworten (de opif. 15, 1—4). Ihre Beantwortung ist ja auch bedeutungslos, wie die aller dem practischen Leben nicht dienenden Fragen. Vgl. § 8, Anm. 2.

Die psychologische Seite der Sprache tritt bei Lactanz zurück. Die Sprache ist der Dolmetscher des Geistes oder des Gedankens.[3]) Sie ist ursprünglich und von Anfang an dem Menschen eigen. „Niemals gab es Menschen auf der Erde, die ausser der Kindheit nicht gesprochen hätten." Daher ist es eine thörichte Auffassung, dass dieselbe durch das Bedürfnis der Gemeinschaft zum Schutze gegen die wilden Tiere, zunächst aus einzelnen Zeichen, dann durch Bezeichnung der einzelnen Dinge entstanden sei (Inst. VI. 10, 14. 20.). Diese Ausführung ist offenbar gegen Epicur und Lucrez gerichtet. (Vgl. Zeller III. 1, S. 416. besonders Anm. 4, Sieb. I, 2, 295.)

§ 8.

Die Erkenntnisfähigkeit des Menschen.

Am Schluss des ersten Teils bleibt uns noch die Frage zu untersuchen: Wie viel vermag der Mensch zu erkennen, wie weit reicht sein Wissen? Die Antwort hierauf gründet sich auf den oben besprochenen Dualismus zwischen Körper und Seele. Während alles Wissen von der Seele stammt, stammt alle Unwissenheit vom Körper, so dass der Mensch weder alles, noch nichts weiss, sondern

---

[3]) Inst. VI, 18, 6 lingua interpres animi. Desgl. de opif. 10, 13. de ira 14, 2 interpres cogitationis.

gleichsam beides in sich vereinigt. Auf diese Weise
nimmt derselbe eine Mittelstellung ein zwischen Gott
und Tier; denn alles zu wissen, vermag nur Gott, nichts
zu wissen, ist Eigenschaft des Tieres (III, 6, 2. 3).
Zwischen dem Wissen Gottes und des Menschen ist
daher ein ebenso grosser Unterschied, wie zwischen den
Werken beider. Gottes Weisheit ist, wie sein Leben vollendet, die des Menschen dem Irrtum unterworfen, da er mit dem
sterblichen Körper bekleidet ist. Er kann daher aus eigenen
Kräften die Wahrheit nicht erkennen, sondern nur durch
Belehrung von Seiten Gottes.[1]

Dadurch dass Lactanz dem Menschen die Möglichkeit,
alles zu wissen, abspricht, tritt er in Gegensatz zur dogmatischen Philosophie. Schon der Name „Philosophie‟
zeigt, dass dieselbe keine Weisheit ist, da er das Streben
nach derselben bezeichnet (III, 2, 3 ff.). Dass die Philosophen
aber bei diesem Suchen auf falschem Wege sind, geht daraus
hervor, dass sie die Weisheit noch nicht gefunden haben
Sie stehen daher auf demselben Standpunkt, wie diejenigen,
die sie überhaupt nicht suchen (III, 2, 7. 8). Dass der Mensch,
aber die Weisheit durch eigene Kraft überhaupt nicht erfassen kann, ist klar. Wie gross die Sonne ist, ob der Mond
eine Kugel, ob die Sterne am Himmel angeheftet sind, oder
durch die Lüfte sich bewegen, wissen wir so wenig, wie wir
die Hauptstadt eines entfernten Volkes, die wir nie gesehen
haben, beschreiben können (III, 4, 4 ff.)[2]. Wie wir aber hierin
dem Socrates und den Akademikern Recht geben müssen, so
müssen wir ebenso dem Zeno und den Stoikern beistimmen.

---

[1] Vgl. Inst. II, 8, 68. 69; IV, 24, 3; VII, 2, 5 ff. de ira 1, 4.

[2] Auch hier zeigt sich wiederum, wie wenig Wert Lactanz auf
die Erörterung und Begreifung theoretischer Probleme legt, wie überhaupt jede Wissenschaft für ihn bedeutungslos ist, sofern sie nicht von
Einfluss auf das sittliche Handeln des Menschen ist.

die die Vermutung über solche Dinge für Thorheit halten.
Damit ist aber die ganze Philosophie aufgehoben. Hierzu
kommt noch die grosse Zerissenheit in Schulen, von denen
jede die Wahrheit zu besitzen glaubt, während sie doch bei
keiner vorhanden ist. Doch auch die Skepsis „die Philosophie des
Nichtphilosophierens" (III, 4, 11) ist hinfällig mit
ihrer Lehre, dass der Mensch nichts wissen könne, da derselbe vielerlei weiss. Lactanz zeigt sich in dieser Frage als
Sensualist, wenn er sagt: „Das Wissen kann nicht durch
Scharfsinn (ingenium) oder durch Denken erfasst werden.
Die sterbliche Natur erlangt es nur, wenn es von aussen
herantritt. Deshalb hat die göttliche Klugheit Augen, Ohren
und die übrigen Sinne am Körper geöffnet, damit durch sie
das Wissen zum Geiste gelange" (III, 3, 2. 3). Daher ist das,
was der Mensch weiss, zunächst das, was zum Leben nützlich
oder gefährlich ist. Ferner ist nach und nach viel entdeckt
worden, so der Gang der Gestirne, die Natur des menschlichen Körpers, die Kräfte der Pflanzen u. a. Auch widerlegt Lactanz den Arcesilaus mit einem bekannten Syllogis-
mus: Dadurch dass jener behauptet, nichts zu wissen, sagt
er selbst aus, dass er etwas weiss, nämlich das Nichtwissen
(III, 6, 11. 12).

Lactanz steht in dieser ganzen Beweisführung auf dem
Boden des gewöhnlichen Menschenverstandes, wie er
es auch selbst ausspricht [3]), der die Wahrheit alles dessen,
was um uns vorgeht, und die Untrüglichkeit unsrer Sinnesorgane als selbstverständlich ansieht. Der Mensch besitzt
die natürliche Weisheit, die hinreicht, um sich Kleidung und
Nahrung zu verschaffen, (vgl. auch de opif. 2); das höchste,

---

[3]) Inst. III. 5, 4. Nam vulgus interdum plus sapit, quia tantum,
quantum opus est, sapit.

was er erreichen kann, ist zu erkennen, was falsch ist
(II, 3, 13.).

Da er auf diese Art die Wahrheit nicht finden kann,
muss sie ihm auf überirdische Art verliehen sein. Daher
vermag der Mensch, sie nur zu erlangen, wenn er von Gott
belehrt wird.[4]) Diese Belehrung ist ihm von allen Geschöpfen
allein gegeben, und zwar soll sie jeder in gleicher Weise
besitzen; sie ist göttliche Ueberlieferung, während die Philosophie menschliche Erfindung ist (III, 16, 10), eine himmlische Lehre (III. 26, 1), die jeder versteht, nicht wie die
Philosophie nur Auserwählten verständlich ist (III, 25, 2).
Sie besteht im allgemeinen in der Erkenntnis und Verehrung
des einen Gottes; im einzelnen unterscheidet Lactanz drei
Stufen derselben, die Erkenntnis, dass es verkehrt ist, viele
Götter zu verehren, die Ueberzeugung, dass es nur einen
Gott giebt, der die Welt geschaffen hat und regiert, und der
Glaube an Christus, seinen Boten und Diener (de ira 2, 2).

Zweiter Teil.
Die Seele in ihrem Handeln.

§ 9.
Der Wertunterschied zwischen Seele und Körper.

Da der Gegensatz zwischen Körper und Seele bei Lactanz gleichbedeutend ist mit dem Gegensatz von Böse und
Gut, (vgl. die Einleitung) ist die Seele in seiner Psychologie
nicht nur das belebende Princip im Menschen, nicht nur die
Vollbringerin aller geistigen Functionen, sondern zugleich
ein ethisches Wesen, das den Menschen zum Guten
treibt, dessen wesentlichste Eigenschaften die

---

[4]) Vgl. Inst. II, 3, 23. III, 3. 2. VI, 6, 28. VII, 2, 9.

Tugenden sind, während der Körper als das sinnliche Princip die schlechten Bestrebungen des Menschen enthält, und
ihn zum Bösen anstachelt.

Körper und Seele sind also nicht nur ihrem Wesen,
sondern vor allem ihrem Werte nach entgegengesetzt und zwar überragt die vom Himmel stammende
Seele den irdischen Körper ebenso sehr, wie Gott die Welt
überragt (III, 9, 16), so dass sie als das eigentliche Wesen
des Menschen bezeichnet wird. Da die ethische Thätigkeit
der Seele, wie die intellectuelle, Sache des Geistes (mens,
animus) ist, so heisst derselbe geradezu der wahre Mensch[1]);
da „das Wesen des Menschen allein in den Geist zu versetzen
ist" (III, 9, 13. V, 21, 9) werden die heidnischen Götterbilder
als seelenlose Abbilder menschlicher Gestalten „Körper ohne
Menschen" genannt. „Denn was wir mit den Augen erblicken,
ist nicht der Mensch, sondern des Menschen Wohnsitz"; „es
ist nicht wunderbar, wenn die Heiden Gott nicht erkennen,
da sie nicht einmal den Menschen selbst sehen, den sie doch
zu sehen glauben (II, 3, 8). Daher wird der Körper nicht
nur als „finsterer Wohnsitz des Geistes", als „Gefäss der
Seele", sondern geradezu „des Menschen" bezeichnet[2]), und
auch die Eigenschaften der Seele werden auf den Menschen
übertragen. Er ist „das ewige, unsterbliche Geschöpf" (de
opif. 2, 9), das „weder berührt, noch erblickt, noch erfasst
werden kann, sondern verborgen ist in dem, was man sieht"
(de op. 19, 9). Man darf daher den Menschen auch nur
nach dem Geiste beurteilen, so dass hierdurch der Unter-

---

[1]) Inst. V, 21, 11 animus, in quo solo est homo. de opif. 1, 11
animus, id est homo ipse verus.

[2]) Bezeichnungen des Körpers: hospitium hominis II. 2, 24; re-
ceptaculum hominis II, 3, 8. de op. 19, 9; vas, vasculum animae oder
hominis, domicilium temporale. Inst. II, 12, 11; VII, 12, 21. de opif.
4, 24 tenebrosum domicilium mentis de ira 1, 4 vas fictile de opif. 1, 11.

schied zwischen Reich und Arm, Sklave und Freier hin-
wegfällt (V, 15, 3 ff.); aus der Unkenntnis des Wert-
unterschiedes zwischen Leib und Seele erklärt sich die
falsche Tugend- und Güterbestimmung der Philosophen, wie der vorchristlichen Menschheit überhaupt, die
alles auf den Körper und was mit ihm zusammenhängt be-
zogen, erklärt sich ihre nichtige Götterverehrung, die im
Opfern irdischer Dinge statt im Dienst des Geistes besteht,
wie ihr sittenloser Lebenswandel, indem sie ganz den Vergnügen und Gütern des Körpers nachgingen, erklärt sich
endlich, weshalb gerade die Reichen und Mächtigen nicht
Christen sind. (Vgl. hierzu Inst. IV, 3, 1 ff.; V, 21, 8—11;
VI, 2, 12 ff., 6, 6 ff. u. a.).

Im Gegensatz zu dieser hohen Stellung des Geistes, die
denselben zum Träger alles Guten und Vollkommenen macht,
enthält der Körper alles Schlechte und Unvollkommene als
seine Eigenschaften. Er bildet die Grenze für unser Wissen,
ist demnach der Grund für die unvollkommene menschliche
Erkenntnis (Vgl. § 8.). Ebenso begrenzt er unser Handeln.
So wenig der Mensch zu thun vermag, was Gott im Stande
ist (VII, 2, 4), so wenig vermag er der Seele entsprechend,
d. i. sündlos zu sein, so lange er mit dem Fleisch umgeben
ist (VI, 13, 5.). Er kann weder die höchste Tugend erlangen,
noch überhaupt frei von Fehlern sein, da deren Stoff in den
Eingeweiden enthalten ist (IV, 24, 4.). Dass er bei der
Trennung von Leib und Seele nicht weiter bestehen kann,
ist natürlich. Wie alles sichtbare zu Grunde gehen muss,
vergeht auch er (III, 20, 14; VII, 1, 9; 12, 3 u. a.). Zugleich
bildet er, wie die Ursache des Todes, auch die der Krankheiten, die somit in der Organisation des Menschen begründet liegen und keinen Anlass zur Klage geben können (de
opif. 4, 1 ff.).

Wie in seiner Anschauung vom Wesen der Seele (§ 2)
stimmt Lactanz auch in der starken Betonung des Wertes
derselben überein mit den Ansichten späterer
Stoiker, vor allem Seneka's, der mit Vorliebe die
Gottverwandtschaft des menschlichen Geistes und die Gegensätzlichkeit von Leib und Seele hervorhebt. Wie diese Stoiker
durch ihre Ansicht von der Körperlichkeit der Seele nicht
gehindert werden, ihre göttliche Stellung und ihre hohe
Würde anzuerkennen, wird auch Lactanz durch seine Anschauung von der feurigen Beschaffenheit der Seele nicht in
seinem Urteil über ihren Wert bestimmt; vielmehr wird von
ihm auch ihrer Substanz, dem Feuer, dem „himmlischen Element", ein höherer Wert beigelegt. Mit Seneka stimmt Lactanz sogar bis auf den Wortlaut überein; so bezeichnen beide
den Körper als breve hospitium, beide vergleichen das Verhältnis von Seele und Leib mit dem von Gott und Welt
(Vgl. Zeller III, 1, S. 203, Anm. 3 und 710 Anm. 4.).

Alle ethischen Anschauungen des Lactanz
sind bedingt durch den Dualismus zwischen Körper und Seele, da beide Principien im Menschen in einem
fortwährenden Kampf liegen, dessen Ausgang das Schicksal
des Menschen entscheidet. Zur Seele, dem guten Princip,
gehört alles sittlich Gute, das daher als „Gut der
Seele" bezeichnet wird, die „Güter des Körpers" um-
fassen dagegen alles Verwerfliche. Beide sind einander
entgegengesetzt, und zwar derart, dass die Güter der Seele
Übel für den Körper, und die Güter des Körpers Übel für
die Seele sind. Zu den erstern zählen: Meiden irdischer
Schätze und Vergnügen, Verachtung des Schmerzes und
Todes, zu den letztern Begierde, Wollust und Vergnügungen
aller Art (VII, 5. 23.). So stehen dem Menschen zwei Lebens-
wege offen, der Weg der Seele, der steil und beschwerlich

ist und auf dem sich die Tugenden: Gerechtigkeit, Enthaltsamkeit, Geduld, Treue, Wahrheit, Weisheit u. s. w., daneben Armut, Schmach, Arbeit, Schmerz finden, und der Weg des Körpers, der eben und angenehm ist, auf dem sich Reichtum, Ehre, Ruhe, Vergnügen, daneben Ungerechtigkeit, Grausamkeit, Stolz, Treulosigkeit und alle übrigen Laster finden (VI, 4, 3. 6. 7.). Das Ziel beider Wege ist ebenfalls ein verschiedenes. Der dem Körper zugeschriebene Weg gewährt zeitliche Güter und ewiges Verderben; der Weg der Seele zeitliche Übel und ewige Seligkeit. Die letztere repräsentiert zugleich das höchste Gut der Seele, den Lohn für das in Tugend und Unglück verbrachte Leben, eine Anschauung, die den wichtigsten Beweis für die Unsterblichkeit der Seele bildet. (Vgl. § 16.).[3])

Die Aufgabe des Menschen ist natürlich, stets als Führerin im Leben die Seele zu haben, ihre intellektuellen, wie ethischen Eigenschaften zu den seinigen zu machen, also den Körper stets in den Dienst der Seele treten zu lassen. Der himmlische Teil des Menschen muss der herrschende, der irdische der dienende sein (II, 12. 11; VI, 1, 7 de opif. 1, 10). Auf der einen Seite ist alles Wissen, besonders die von Gott verliehene Wahrheit, die in Erkenntnis des höchsten Wesens besteht, Sache der Seele, so dass die Beschäftigung mit demselben als pabulum animae bezeichnet wird (V, 1, 12. Vgl. auch I, 1, 20; III, 3, 16), und das Hören der Lehre Gottes, da es die Seele ernährt (VI, 21, 8), für den Menschen notwendig ist. Auf der andern besteht der Wandel nach der Seele in der Tugendübung.

---

[3]) Vgl. ausser den bereits angeführten Stellen: III. 12, 18; IV, 25, 6—9; V. 21, 10. 11; de ira 15, 4. 19, 1 ff. Ferner Inst. III, 12, 1 ff., wo ein Unterschied gemacht wird zwischen virtus corporis und animi, Kampf gegen sichtbare und unsichtbare Feinde.

die zusammengefasst wird in der Gerechtigkeit.[4]) Diese zer-
fällt in Gottesverehrung und Bruderliebe (humanitas) und
wird ebenfalls als „Stoff und Speise der Seele" bezeichnet
(II, 12, 14). Unwissenheit und Lasterhaftigkeit bilden dagegen
das Leben nach dem Körper, die Sünde ist das pabulum
mortis (IV, 25, 7), die Vergnügungen bilden die Stricke und
Schlingen, die die Seele vom rechten Wege abzulenken suchen
(VI, 22, 3 ff.).

§ 10.

Die Willensfreiheit.

Die Frage, ob der Mensch einen freien Willen
besitze, also durch sein eigenes freies Handeln das Ziel
der Vollkommenheit erreichen könne, oder ob es nicht aus-
schliesslich die im Glauben an das Verdienst Christi erfasste
Gnade Gottes sei, die den Einzelnen zum ewigen Leben führe,
ist den Kirchenvätern bis auf Augustin gar nicht als eine
schwierige und für die ganze christliche Lehre
höchst bedeutungsvolle vor Augen getreten. Die
volle menschliche Freiheit wird von Justinus Martyr entschieden verkündet, auch wenn alles Heil von Christo her-
geleitet wurde. Bei Clemens und Origenes wird die Willensfreiheit so stark hervorgehoben, dass die Folge der Sünde

---

[4]) Wie hoch dabei das Wissen der Wahrheit von Lactanz gestellt
wird, zeigt ein Vergleich, in welchem das Verhältnis von Gotteserkenntnis und gerechtem Leben veranschaulicht wird an dem Verhältnis des
Hauptes zu den Gliedern des menschlichen Körpers. So wenig die
Glieder ohne Haupt etwas vermögen, so wenig gilt Tugendübung bei
fehlender Gotteserkenntnis etwas; auch Gotteserkenntnis ohne Tugend
nützt nichts, so wenig wie das Haupt ohne Körper. Wie aber am
menschlichen Körper einzelne Glieder fehlen können, wenn nur das
Haupt vorhanden, so dürfen auch einzelne Tugenden mangeln, wenn der
Mensch nur Gott wahrhaft erkennt. Unnütz und verkehrt ist daher
jede Tugendlehre und Tugendübung der heidnischen Philosophen, wie
der gesamten vorchristlichen Menschheit, bei dem Mangel der Gotteserkenntnis. Vgl. VI, 9, 9 ff.

Adams verschwindet. Obwohl Tertullian ein allgemeines
Verderben von Adam herleitete, dachte er dadurch die sittliche Freiheit keineswegs anzutasten, ja er sah sich sogar
gezwungen, dieselbe im Kampfe mit den Häretikern zu be-
gründen.[1]) Die Frage, ob der Mensch dann nicht auch ohne
Christus das Heil erlangen könne „lag der Frömmigkeit so
fern und abenteuerlich, als wenn ein Kind auf die Frage
geriete, ob es nicht möglicherweise auch ohne diese seine
Eltern am Leben sein könnte." (Hase, Gnosis I, 316.).
Für Lactanz ist die Freiheit des Willens selbst-
verständliche Voraussetzung; sie ist für sein ethisches
System notwendig und wird daher niemals durch psychologische Gründe gerechtfertigt; würde doch eine entgegengesetzte Ansicht alle Anschauungen unseres Kirchenvaters über Zweck und Aufgabe des Menschen, wie über die
ihm gemäss seines Lebens zufallende Art der Unsterblichkeit zerstören, da dieselben die unbegrenzte Verantwortlichkeit des Menschen zur Voraussetzung haben. Eine Be-
gründung derselben findet sich nicht; jedoch erfährt sie
eine Einschränkung, dadurch dass der Mensch, so lange
er mit dem Körper bekleidet ist, die höchste Tugend nicht
erlangen kann, wie ja auch Christus zugleich Gott sein musste,
um „ein vollkommener Lehrmeister" sein zu können (IV, 24, 4).
Ausserdem wird dem Bereich des menschlichen Willens von
Lactanz eine besondere Ausdehnung zugeschrieben.

Die Willensfreiheit wird ausgesprochen und hervorgehoben in Inst. IV, 24, bei Gelegenheit der Frage, weshalb
Christus Mensch werden musste. Es wird in dieser Stelle
die Menschwerdung Christi als notwendig hingestellt, damit
derselbe durch sein Beispiel beweise, dass die Erfüllung seiner
Lehre möglich sei; er musste die Vorschriften, die er gab,

---

[1]) Vgl. Hauschild, Tertull. Psychol. S. 71—75.

auch durch sein Leben bestätigen, um für die Menschen,
denen er sie auferlegte, alle Entschuldigungsgründe abzu-
schneiden. Die Menschen erhielten aber durch ihn auf der
einen Seite „die Notwendigkeit des Gehorsams", so dass ihnen
der Weg, den sie wandeln sollten, vorgeschrieben war, zugleich auf der andern die Freiheit, auch das entgegengesetzte
thun zu können, „damit ein Lohn festgesetzt sei für die
gehorchenden, weil sie auch nicht gehorchen konnten, wenn
sie gewollt hätten, und eine Strafe für die nicht gehorchenden, weil sie gehorchen konnten, wenn sie gewollt hätten"
(24, 7.).

Hiernach erfordert alles sittliche oder unsitt-
liche Handeln eine Willensentschliessung des einzelnen Menschen.[2]) Wenn es für denselben auch schwierig
ist, den zum Bösen antreibenden Körper zu überwinden, so
lehrt doch Christus, dass die Möglichkeit vorhanden ist, „dass
auch das Fleisch die Tugend erfassen könne" und „es keine
Notwendigkeit ist zu sündigen, sondern Vorsatz und freier
Wille" (IV, 24, 10. 25, 8).

Ferner ist die Willensfreiheit notwendiges Postu-
lat bei der Frage, weshalb der Mensch nicht von
vornherein unsterblich geschaffen worden ist,
wenn die Unsterblichkeit sein Ziel sein soll; ergiebt sich doch
die Notwendigkeit des irdischen Lebens aus der Absicht
Gottes ein für sein Thun verantwortliches Wesen zu schaffen.
Gott wollte, dass der Mensch sich durch eigene Kraft seliges
Leben erwerben, oder durch eigene Schuld ewigem Tod verfallen solle. Die Unsterblichkeit ist keine natürliche, sondern
eine dem Willen des Menschen anheimgegebene Folge. Der

---

[2]) Vgl. Inst. I, 20, 20 virtus enim colenda est .... non sacri-
ficio aliquo, aut ture aut precatione solemni, sed voluntate sola atque
proposito.

Mensch wird daher auch nicht unsterblich geboren, sondern
steht zunächst auf gleicher Stufe, wie das Tier; erst durch
den Wandel im Dienste Gottes erreicht er eine höhere Stellung. (VII, 5, 15 ff.)

Der Gegensatz von Notwendigkeit und freiem Willen
wird jedoch nicht nur auf die ethische Handlungsweise des
Menschen angewandt, auch die Religion ist vorzugs-
weise Thätigkeit des freien Willens. Das Bereich
desselben erstreckt sich bei Lactanz auch auf die Überzeugung und den Glauben. „In der Religion allein hat die Freiheit ihren Sitz"; nichts geschieht derart aus freien Stücken,
als sie. Daher kann dieselbe nicht erzwungen werden. Auch
wenn einige aus Furcht vor Martern, oder durch dieselben
überwunden, sich zum Opfern bereit erklärt haben, so ist
dies keine Religionsübung, da sie es nicht aus freien Stücken
thun; vielmehr wenn der Geist des Opfernden abgewandt ist,
ist auch keine Religion in ihm vorhanden. Es kann ein
Christ wohl Götterverehrung erheucheln, aber nicht
wollen. Wie thöricht sind also die heidnischen Gewalt-
massregeln, um die Christen zu ihrer Götterverehrung zu
zwingen. (Epit. 54, 1—4.[3]) Inst. V, 19, 11. 23.).

Bei dieser Auffassung des menschlichen Wollens hat
die Willensfreiheit einen andern Sinn angenommen. Dieselbe erscheint als die unbeugsame Kraft des Menschen, die
selbst unter dem äusseren Zwang stets das Gewollte festhält,
daher niemals geknechtet, oder zu etwas nicht gewolltem
genötigt werden kann.

---

[3]) Der von Lactanz selbstverfasste Auszug aus den Institutionen
ist nur citiert, wo derselbe vom Hauptwerke abweicht, oder dasselbe
erweitert.

§ 11.

Die Unterschiede zwischen Menschen und Tieren.

Die von Lactanz häufig betonten Unterschiede zwischen den Menschen und den übrigen lebenden Wesen haben ihren Grund in dem Wertunterschied zwischen Seele und Körper. Der ethische Gegensatz zwischen beiden, der eben das Wesen des Menschen ausmacht, kommt für das Tier in Wegfall und mit ihr alle Bestimmungen der Seele, die ihr ethisches Wesen bedingen.

Zu diesen gehört sowohl der göttliche Ursprung der Menschenseele, wie ihre feurige Beschaffenheit, während die Tierseelen nicht von Gott stammen und „aus gewöhnlicher Luft" bestehen.[1]) Doch ist der Dualismus der beiden Elemente, Feuchtigkeit und Wärme, auch im Tiere enthalten (II, 9, 22). Mit dem göttlichen Ursprung fällt zugleich die Vollendung in einem späteren Leben und die menschlichen Thätigkeiten, deren Folge sie ist, für das Tier fort. Daher ist die Religion Hauptvorzug des Menschen und keinem anderen Wesen verliehen, wie von Lactanz häufig hervorgehoben wird. Von allem andern, von dem man glaubt, dass es dem Menschen eigentümlich sei, finden sich Spuren beim Tier, sowohl von der Sprache, da sich manche Tiere durch Laute unter einander verständigen, wie sogar vom Lachen, wenn sie mit dem Menschen oder ihresgleichen spielen. Selbst Zeichen der Vernunft trifft man an einzelnen, sei es, dass sie für die Zukunft Speisen aufbewahren, oder dass sie mit Klugheit ihren Nutzen suchen und Gefahren vermeiden, oder sich selbst Wohnsitze erbauen. Gotteserkenntnis und Gottesverehrung fehlen ihnen jedoch gänzlich

---

[1]) Inst. II, 12, 9 (pecudum) animae non ex deo coustantes, sed ex commuui aëre, morte solvuutur.

Sie gehören allein dem Menschen an, so dass, wer sie vernachlässigt, geradezu ein Tierleben führt (Inst. III, 10, 1—5.)²).

Da die Religion auf einem von Gott verliehenen Wissen beruht, das das Tier nicht fähig ist zu erfassen, so muss auch die Vernunft beider verschieden beschaffen sein. Nach Inst. III, 10, 6 „ist sie im Tiere nur vorhanden, um sein Leben zu schützen, im Menschen aber, um dasselbe zu verlängern", womit natürlich eine Vergrösserung über das irdische Dasein hinaus zur Unsterblichkeit gemeint ist. „Und weil sie im Menschen vollkommen ist, wird sie Weisheit genannt." Nach andern Stellen fehlt sie dem Tiere vollkommen, jene heissen irrationabilia und rationis expertia, denen der Mensch als animal rationale gegenübersteht.³) Jedenfalls ist beider Vernunft grundverschieden; für das letztere ist sie nicht nötig, da es äusserlich geschützt ist gegen die Einflüsse des Wetters und feindliche Angriffe, während sie für den Menschen ein innerer Schutz ist. Daher wird er nackt und unbewaffnet geboren, damit er durch dieselbe sich bedecken und schützen lerne, während die Tiere Felle oder Federn erhielten, um die Kälte zu ertragen, Hörner, Zähne oder Klauen, um sich feindlicher Angriffe zu erwehren.⁴)

Mit der Göttlichkeit der Seele und den aus ihr hervorgehenden Eigenschaften des Menschen, der Unsterblichkeit, Religion und Weisheit fällt für die Tiere die Unterscheidung von Böse und Gut, die Verantwortlichkeit für sein Thun, und die Tugend hinweg. An Stelle

---

²) Vgl. ferner Inst. II. 3, 14. 22: II, 9, 26; VII, 9, 10. de ira 7. 6—15: 12, 2; 22, 2.

³) Vgl. Inst. II, 1, 14; III. 8, 8; V, 17, 31; VII, 9, 12. de ira 7, 2; 12, 3; 13, 8.

⁴) Vgl. Inst. VII. 4, 12—15; VI, 10, 3. de opif. 2, 1 ff.

– 51 –

der letzteren treten Schlauheit und Verschlagenheit, durch
die sie den übrigen Geschöpfen nachstellen und andern schaden,
um sich zu nützen, wovon die Tugend den Menschen ab-
halten muss (V, 17, 30—34; VII, 9, 15.). Als wichtigste
Tugend gilt die Menschenliebe[5]), die den Menschen lehrt,
seinen Nebenmenschen zu schützen und in Gefahren ihm Hülfe
zu leisten. Wäre dies Gefühl dem Menschen nicht verliehen,
so vermöchte keine Gemeinschaft, keine Städtegründung zu
Stande zu kommen, die Sicherheit würde aufhören, da der
Mensch wilden Tieren und andern Menschen fortwährend aus-
gesetzt sei. Das Tier besitzt diesen „Affekt" nicht, da die
Vorsehung es mit natürlichen Schutzwaffen gegen Angriffe
bekleidete.

Die übrigen Affekte aber sind keineswegs nur
dem Menschen gegeben, obwohl auch sie von Lactanz vor
allem nach ihrer ethischen Seite behandelt werden; auch die
Tiere besitzen dieselben, nur dass für sie das Wesentliche
an ihnen, die Verantwortlichkeit beim Gebrauch, wegfällt.
Auch sind sie ihnen nicht alle, sondern nur einzelnen verliehen; nur der Mensch besitzt sie in ihrer Gesamtheit
(VI, 15, 3.). Sie machen gewissermassen einzeln das Wesen
mancher Tiere aus; so charakterisiert die Furcht den Hirsch,
der Zorn die wilden Tiere. Während aber der Mensch den
Zorn beherrscht, äussert das gereizte Tier sofort seine Wut.
Letzteres handelt aus natürlicher Anlage; der Mensch gemäss
seiner Weisheit, wie er soll (VI, 18, 22.). Auch der Gebrauch
der fünf Sinne hat seine Grenzen für den Menschen; er tritt
ebenfalls unter ethische Voraussetzungen. Für das Tier sind
die letzteren nicht vorhanden, es gebraucht seine Sinne, so-

---

[5]) Humanitas, hic pietatis affectus. Inst. VI, 10, 3; III, 23, 9
u. 10. Epit. 38, 8.

4*

weit seine Natur es ihm vorgeschrieben hat. So sieht es,
um zu erreichen, was zum Schutz des Lebens nötig ist;
findet seine Nahrung durch den Geruch u. s. w. Verbotenes
giebt es nicht für dasselbe. Während dem Menschen Vergnügungen für einen jeden Sinn gegeben sind, die er als
Laster meiden muss, kennt das Tier nur ein Vergnügen,
nämlich, das Bezug hat auf die Zeugung (VI, 20, 2.). Von
diesem letzteren berichtet Lactanz auch, dass es im Menschen
weit stärker und heftiger vorhanden sei, sowohl damit die
Anzahl der Menschen auf der Erde eine zahlreichere werde,
als auch, um denselben Gelegenheit zu geben, sich durch
Enthaltsamkeit und Zügelung der Lüste Ruhm zu erwerben
(VI, 23, 3.)[c]).

Kurz zusammengefasst besteht die Superiorität
der Menschenseele in ihrem göttlichen Ursprung
und der durch denselben hervorgerufenen Erkenntnis ihres Schöpfers, sowie in dem Bewusstsein ihres hohen Wertes und der hierdurch be-
dingten Verantwortlichkeit des menschlichen
Handelns. Diese hohe Stellung, die dem Menschen durch
seine Seele zukommt, veranlasst Lactanz auch die äusser-
lichen Unterschiede, die dem Menschen als Zeichen seiner
die Sphäre des Tieres überragenden Würde verliehen sind,
hervorzuheben. Dieselbe wird gekennzeichnet dadurch, dass
der Mensch allein von allen Lebewesen das Feuer, dem ja
als der Seelensubstanz ein höherer Wert beigelegt wird, gebraucht, während alle übrigen Geschöpfe, da sie irdisch und
sterblich sind, nur das körperliche Element des Wassers benutzen (II, 9, 25; VII, 9, 13), sowie dadurch, dass sein Gang

---

[c]) Vgl. hierzu im allgemeinen Inst. VI, 15—22, sowie die folgenden Paragraphen 12—14.

aufrecht, sein Blick zum Himmel gerichtet ist. Ihn erhob
der Schöpfer aus dem Staub, verlieh ihm eine gerade Stellung, eine breite vorwärts gerichtete Brust, sowie ein nach
oben schauendes Antlitz, geschaffen den Himmel zu bewun-
dern, und gleichsam bestrebt, ihn zu erreichen, während die
Tiere mit vorwärts geneigtem Körper nach der Erde blicken.
Diese einzigartige Bildung des menschlichen Körpers tritt
so sehr in den Vordergrund, dass sie in eine Linie gestellt
wird mit dem Vorzug der Gottesverehrung und der heidnische
Kultus ein Abwenden der Betrachtung des Himmels, ein sich
zur Erde beugen nach Art der Tiere genannt wird.[7) Endlich kann man zu diesen Unterscheidungsmerkmalen noch die
Sprache zählen, wenn auch nur, insofern der Mensch durch
sie die Herrlichkeit Gottes und seiner Werke zu preisen vermag; denn Laute, um sich gegenseitig verständlich zu machen,
besitzt auch das Tier (Vgl. de ira 14, 2 mit Inst. III, 10, 2
de ira 7, 8.).

§ 12.
Die Affektenlehre im allgemeinen.

Sehr ausführlich und selbständig ist die Affektenlehre von Lactanz behandelt. Mit derselben tritt er in
Gegensatz zu sämtlichen Philosophen, besonders zu
den sonst so hochangesehenen Stoikern. Wie bei diesen ist
auch seine Auffassung derselben wesentlich eine
ethische. Nicht was die Affekte an sich sind, und wie
sie zu erklären, ist für seine Untersuchung massgebend,
sondern in wie fern sie den Menschen durch ihr Vor-
handensein gut oder schlecht machen. Jedoch fehlt es
auch nicht an allgemeinen Bemerkungen über dieselben;

---

7) Vgl. Inst. 11, 1, 14. 15; 9. 20; 17, 9; 18, 1; VI, 1, 7; VII, 5, 6;
9. 11; de opif. 8, 2. 3; 10, 26; de ira 14, 2; 7, 5; 20, 10. 11.

nur treten diese zurück im Vergleich mit den Bestimmungen über ihren Wert.

Die Affekte gehören zur Seele, wie die Sinne zum Körper (de ira 18, 10), und zwar sind sie Bewegungen des Geistes (motus animi)[1], da auf ihren Antrieb der Geist erregt wird (I, 3, 20; VI, 14, 7), ohne deshalb Verwirrungen des Geistes (perturbationes animi) zu sein, wie die Stoiker sie bezeichnen (II, 17, 4.). Zu ihnen rechnet Lactanz alle Arten von Gemütsbewegungen, ohne Unterscheidung, ob sie sich auf Gefühl oder Begehren beziehen: Zorn und Gnade, Begierde nach fremdem Gut (concupiscentia), Wollust (libido), ferner Freude und Trauer, Liebe und Hass, sowie Furcht, Mitleid, Neid und Bewunderung.

Eine Einteilung aller dieser Affekte findet sich nicht bei Lactanz. Erwähnt wird die Unterscheidung der Stoiker in VI, 14, 7, die vier Hauptklassen der Affekte hervorheben: cupiditas, laetitia, metus und moestitia, von denen die ersten beiden sich auf künftiges oder gegenwärtiges Gut beziehen, die beiden letzten auf künftiges oder gegenwärtiges Übel[2], eine Einteilung, über die Lactanz kein Urteil fällt. Dagegen scheidet er die Affekte in solche, die nur der Mensch besitzt, und in solche, die zugleich Gott besitzt. Die ersteren haben ihren Grund in der menschlichen Schwäche: zu ihnen gehören Furcht, Wollust, Neid und Begierde, die in Gott nicht vorhanden sein können, da kein Wesen existiert, was ihm Furcht einjagen könnte, ebenso wenig, wie es Geschlechtsunterschiede für ihn giebt, u. a. Die letzteren sind Zorn, Gnade und Mitleid; ihrer bedient sich Gott zur Erhaltung der Dinge (de ira 15, 8—12). Im allgemeinen sind von Lactanz am

---

[1] Vgl. de opif. 14, 8, ferner ein bei Fritzsche (Lact. opera, Lipsiae 1844) Band II. S. 286 angeführtes Fragment, das die Ansicht des Lactanz über die Affekte in kurzer Fassung enthält.

[2] Vgl. Sieb. I, 2, 231. Zeller III, 1. 230.

häufigsten betrachtet die drei Affekte: Zorn, Begierde und Wollust (ira, cupiditas, libido), da ihre Bedeutung darin liegt, dass sie durch ihren Missbrauch zu Lastern werden. Fast alle Fehler entstehen aus ihnen, während auf ihrem Gebrauch innerhalb der vorgeschriebenen Grenzen die Tugend beruht (VI, 5, 13 ff.; 19, 4 ff). Neben ihnen wird das Mitleid hervorgehoben, „jener Affekt der Frömmigkeit", aus dem die wichtigste Tugend, die Nächstenliebe hervorgeht (VI, 10, 3.)[3]).

Die Frage nach dem Sitz der Affekte wird, wie alle ähnlichen, im Buche de opificio dei unentschieden gelassen. Die herrschende Ansicht der Mediziner ist, dass die Freude in der Milz, der Zorn in der Galle, die Wollust in der Leber und die Furcht im Herzen ihren Sitz haben. Wenn sich dies so verhält, so ist es ein Beweis dafür, dass die Affekte zur natürlichen Anlage des Menschen gehören, also nicht ausgerottet werden können (VI, 15, 14, de ira 21, 4.). Ob es aber der Fall ist, können wir nicht erkennen, ebenso wenig, wie diese Anschauung widerlegen, da ja die Leistungen der Organe, die der Sitz der Affekte sein sollen, verborgen sind. Auch müssten die sanftmütigen Tiere keine Galle, oder doch eine weit kleinere haben, als die wilden, die feigeren ein grösseres Herz, u. s. w. Endlich müssten wir es fühlen, dass wir mit der Galle zürnen, mit der Leber begehren, mit der Milz uns freuen, wie wir es auch empfinden, dass wir mit den Ohren hören, mit den Augen sehen, mit der Nase riechen. Hieraus ergiebt sich, dass die Affekte ebensogut in andern Organen ihren Sitz haben können, so wie, dass jene

---

[3]) Mit der Beurteilung dieses Affekts tritt Lactanz in Widerspruch zu den Stoikern, worüber § 13 pag. 61 zu vergleichen.

Eingeweide uns auch einen andern Dienst leisten können, als wir vermuten (de opif. 14, 4—8).

Von sonstigen allgemeinen Bestimmungen findet sich nur das Verhältnis der menschlichen Affekte zu denen der Tiere berührt, worüber das Einzelne im vorigen Paragraph besprochen wurde.

§ 13.
Die ethische Beurteilung der Affekte.

Ungleich wichtiger ist die ethische Betrachtungsweise der Affekte, ihre Beurteilung nach ihrem Wert. Im voraus sei hier auf den Zusammenhang derselben mit der allgemeinen ethischen Überzeugung des Lactanz hingewiesen. Aus der Ansicht, dass der Mensch in der Mitte zwischen Gott und Welt, Gut und Böse steht und durch die ihm eigene Willensfreiheit sein Leben nach der guten oder schlechten Seite hin gestaltet, um nach dem Tode den entsprechenden Lohn für diese Wahl zu empfangen, geht hervor, dass eine Anlage des Menschen nicht von vornherein gut oder schlecht sein kann, besonders nicht, wenn dieselbe zur Seele gehört. Erst die Anwendung bestimmt ihren Wert. Hierin liegt der ausschliessende Gegensatz gegen die stoische Auffassung der Affekte als Krankheiten der Seele, ebenso wie gegen die peripatetische, die den Wert oder Unwert der Affekte nach dem Grade ihrer Heftigkeit bemessen.

Der Auseinandersetzung mit diesen Philosophen ist der längere Abschnitt von Inst. VI, 14, 7 bis 17, 29 gewidmet.[1]

---

[1] Zur Affektenlehre vgl. Volkmann II, S. 384. Zeller III, 1. 225 ff. bes. 232. Sieb. I, 2, 94 ff.; 222 ff.

I. Die Ansicht der Stoiker; dass die vier von ihnen unterschiedenen Hauptklassen der Affekte nicht von der Natur eingepflanzt, sondern durch falsche Meinung entstanden seien, deshalb als Krankheiten des Geistes (morbi, perturbationes animi II, 17, 4)²) von Grund aus ausgerottet werden müssten, ist falsch. Dagegen spricht:

1. Die Affekte entstehen nicht durch den freien Willen des Menschen, sondern sind natürliche Anlagen (naturalia, non voluntaria), da sie allen lebenden Wesen gemeinsam sind. Wenn die Stoiker also verlangen, dieselben auszurotten, so ist dies nichts anderes, als wenn sie den Hirschen die Furcht, den Schlangen das Gift, den wilden Tieren den Zorn, oder den Schafen die Sanftmut nehmen wollten. Wenn man ferner nach Ansicht der Ärzte jedem Affekt einen besonderen Sitz zuschreibt, „so ist es leichter, das Geschöpf selbst zu töten, als aus seinem Körper etwas herauszuschneiden; denn darauf läuft es hinaus, wenn man seine Natur ändern will."

2. Indem die Stoiker die Ausrottung der Affekte verlangen, heben sie zwar die aus ihnen entstehenden Laster, aber auch die Tugend auf. Wer keinen Zorn besitzt, vermag auch bei einer Erregung desselben, sich nicht zu zügeln und seinen Ausbruch zurückzuhalten; ebenso fehlt demjenigen die Tugend der Enthaltsamkeit, der keine körperliche Lust oder keine Begierde nach fremdem Gut besitzt. Ohne Laster giebt es keine Tugend, wie ohne Gegner keinen Sieg. Wie ein fruchtbarer Acker, wenn er nicht bebaut wird, Dornen, bei Bebauung aber reiche Früchte trägt, so werden die Affekte ohne Pflege zu Fehlern, bei richtiger

---

²) de ira 2, 5 omnis affectus imbecillitatis est.

Pflege zeigen sich sofort die Früchte der Tugend. Sie dürfen also nicht aufgehoben werden, da sie uns Gott zur Erlangung der Tugend gegeben hat.

3. In Wirklichkeit heben die Stoiker die Affekte gar nicht auf, sondern gebrauchen nur andere abschwächende Namen für dieselben: für die Begierde den Willen, — „als ob es nicht viel vorzüglicher wäre, das Gute zu begehren, als zu wollen", — für die Freude, die Freudigkeit (pro laetitia gaudium), für die Furcht die Vorsicht, während ihnen für die Traurigkeit der entsprechende Namen fehlt (Vgl. Sieb. I, 2, 232.). Sie heben deshalb diesen Affekt ganz auf, was ganz und gar nicht geht, da man z. B. über das Unglück des Staates, oder der Freunde stets Schmerz empfinden muss. Offenbar fehlte ihnen nur ein passendes Wort. Was aber die übrigen Änderungen betrifft, so unterscheiden sie sich entweder gar nicht oder nicht viel von den bekämpften Affekten. Die Begierde beginnt mit dem Willen, die Vorsicht entsteht aus der Furcht, und Freude (laetitia) ist nichts anders als öffentlich bekannte Freudigkeit. Wenn die Stoiker aber zugeben, dass die Begierde beharrlicher und dauernder Wille, die Freude unmässige Freudigkeit, die Furcht masslose Vorsicht sei, so verlangen sie nicht eine Aufhebung, sondern eine Mässigung der Affekte und gelangen „auf einem langen und beschwerlichen Umweg" zu der von ihnen bestrittenen Ansicht der Peripatetiker zurück.

II. Auch die Ansicht der Peripatetiker erreicht die Wahrheit nicht. Sie geben zwar zu, dass die Affekte naturgemäss, ja notwendig sind; nichts destoweniger halten sie sie aber für Fehler, oder wenigstens einen übermässigen Gebrauch derselben für fehlerhaft (Vgl. 15, 2; 16, 1; 19, 1.). Hiergegen ist einzuwenden:

1. Niemand wird fehlerhaft geboren. Erst durch den schlechten Gebrauch der Affekte entstehen die Fehler, wie durch den guten die Tugenden. 2. Nicht die Stärke bestimmt den Wert des Affekts, sondern die Ursache, aus der er hervorgeht. Daher ist es verkehrt, grosse Freude einen Fehler, mässige eine Tugend zu nennen. Dies wäre ebenso, als wollte man verbieten zu laufen, dagegen das langsame Gehen für gut halten, während doch derjenige, der langsam geht, so gut irre gehen kann, wie derjenige, der läuft, den rechten Weg verfolgen. So ist häufig geringe Freude eine grosse Sünde, z. B. wenn man sieht, dass einem Feinde ein Unglück geschieht, zügellose Freude aber keineswegs, wenn man sich nach Besiegung der Feinde über die Freiheit und das Wohlergehen der Bürger freut. Also sind nicht den Affekten Zügel anzulegen, sondern nach den Zeitverhältnissen, der Sachlage und den Gegenständen ist ihr Gebrauch zu richten. Zorn, Begierde, Wollust sind nicht Sünden an sich, wohl aber der Jähzorn, der sich gegen Unschuldige richtet, die Begierde, die Unerlaubtes begehrt und das sinnliche Streben ausserhalb der Ehe.

3. Hierzu kommt noch, was VI, 16 unerwähnt bleibt, dass die Peripatetiker, wie alle Philosophen den Gebrauch der Affekte nur auf dies Leben und die zu demselben notwendigen Dinge beziehen, statt denselben auf das jenseitige Leben und das Streben nach diesem auszudehnen.

Auf den beiden letzten Punkten beruhen die positiven Auseinandersetzungen des Lactanz über richtigen und falschen Gebrauch einzelner Affekte. Unter dem letzterwähnten Gesichtspunkt erscheinen einige, die von den Stoikern für Fehler gehalten werden, sogar als die grössten Tugenden. So gilt die Furcht mit Recht für die grösste

Schwäche des Geistes, wenn sie besteht in Angst vor Schmerz, Armut, Verbannung, Gefangenschaft oder Tod; dies alles fürchtet aber derjenige nicht, der Gott fürchtet. In diesem Falle ist die Furcht die grösste Tapferkeit, also eine hervorragende Tugend. Die Begierde ist ein Fehler, wenn sie irdische Dinge erstrebt, eine Tugend, wenn sie himmlische Dinge, wie Gerechtigkeit, ewiges Licht und fortwährendes Leben zu erreichen wünscht, wobei Begierde eine noch weit höhere Tugend ist, als der blosse Wille, da der letztere durch Leiden leicht gehemmt wird, die Begierde aber fortbesteht (VI, 17, 2—14.).

In welcher Weise die Affekte in Hinblick auf das irdische Leben zu gebrauchen sind, wird ebenfalls an den einzelnen nachgewiesen. Die Begierde ist uns gegeben, um das zum Leben notwendige zu erwerben; ihr Missbrauch besteht im Ansammeln von Schätzen, woraus Betrug, Raub und andere Verbrechen entstanden sind. Die Geschlechtslust besitzen wir, um Nachkommenschaft zu erzeugen, durch ihren Missbrauch zum Vergnügen entstehen Unzucht, Ehebruch und andere Laster. Der Zorn endlich ist notwendig, um die Fehler derer, die in unsrer Gewalt sind zu zügeln, und sie zur Rechtschaffenheit und Gerechtigkeit anzuleiten, während aus dem Zorn gegen Gleichstehende Zwietracht und ungerechte Kriege hervorgehen (Inst. VI, 19, 4—11. de ira 18, 10 u. 11.). In diesem durch die göttliche Weisheit vorgeschriebenen Gebrauch der Affekte besteht die wahre Vollkommenheit des Menschen (VI, 18, 23 u. 24, 25.).

Eine hervorragende Tugend endlich ist der Affekt des Mitleids (misericordia s. humanitas)[3]. Er bildet das

---

[3] Vgl. III, 23, 8 quo ratio humanae vitae paene omnis continetur.

Band der Menschen unter einander, ein wesentliches Unter-
scheidungsmerkmal vom Tier; ohne denselben ist weder
gegenseitiger Schutz in Gefahr möglich, noch überhaupt
menschliche Gemeinschaft, zu der der Mensch bestimmt ist
(animae sociale VI, 10, 10). Die Besprechung des Mitleides
bietet zugleich eine Gelegenheit, die Thorheit der Stoiker
(Zeno, ja selbst Seneka, obwohl bei diesem bereits eine Mil-
derung jener schroffen Behauptung eingetreten ist) zurück-
zuweisen, die dasselbe zu den Fehlern und Krankheiten der
Seele rechnen (Inst. III, 23, 8—10; VI, 10, 4 ff.; Epit. 38, 6—8.).
Gewiss greift hierbei Lactanz einen der bedenklichen Punkte
der stoischen Ethik an; er übersieht aber, dass wenigstens
von den späteren Stoikern die Menschenliebe neben der
Gerechtigkeit als die Hauptpflicht des Menschen gegen seine
Nebenmenschen hingestellt wird.[1]).

Im Anschluss an die Affektenlehre sei an dieser Stelle
darauf hingewiesen, dass auch d e r G e b r a u c h d e r S i n n e s -
o r g a n e u n t e r d e n e t h i s c h e n G e s i c h t s p u n k t gestellt
und den Affekten analog behandelt wird. Auch die fünf
Sinne sind nur in dem ihnen von Gott zugewiesenen Dienst
zu benutzen, jedes darüber hinausgehende „Vergnügen" ist
lasterhaft. Daher ist es verboten, bei öffentlichen Schau-
spielen zuzusehen, einschmeichelnde Reden zu hören; überhaupt soll man alle jene Sinneseindrücke vermeiden, durch
die die Seele gefesselt und zum Tode geführt wird (Vgl.
VI, 21—23.).

<h2>§ 14.</h2>
<h2>Der Zorn.</h2>

Lactanz ist durch die Streitfrage, welche Affekte Gott
zugeschrieben werden dürfen, veranlasst worden, ein Buch

---

[1]) Über den Gegensatz im stoischen System, dass auf der einen
Seite das Fehlen jedes Mitleids, auf der andern Menschenliebe verlangt
wird, vgl. Zeller III, 1, S. 234, Anm. 8 u. S. 288/289.

„über den Zorn Gottes" zu verfassen, in dem er den Nachweis liefert, dass dieser Affekt Gott eigen sein
müsse. Er verwirft daher die Ansicht der Epicureer, die
in Gott gar keine Affekte annehmen, mit dem Hinweis, dass
hierdurch die ganze Thätigkeit Gottes, seine Sorge für die
Welt, überhaupt seine Existenz hinfällig werde (de ira 4, 1 ff.),
ebenso auch die stoische Ansicht, die Gott Gnade[1]), aber
keinen Zorn beilegen, mit dem Satze, dass entgegengesetzte
Affekte entweder beide vorhanden sein, oder beide fehlen
müssen (de ira 5, 9). Wenn also Gott Liebe zu den Guten
besitzt, muss er auch die Bösen hassen; wenn er dem Ungerechten nicht zürnt, wird er auch dem Guten nicht gnädig
sein. Den weiteren Einwand Epicur's, dass Gott dann auch
die übrigen Affekte, wie Furcht und Begierde, besitzen müsse,
widerlegt Lactanz damit, dass die Affekte, die in der menschlichen Gebrechlichkeit ihren Grund haben, natürlich bei Gott
fehlen müssen (15, 6—12).

Es ist natürlich, dass bei dieser Gelegenheit das Wesen
und die Arten des Zornes eingehender behandelt werden.
Da nach der Ansicht des Lactanz die jedesmalige Ursache
den Wert des Affekts bestimmt, so werden zwei Arten
des Zorns unterschieden, je nachdem die Ursache berechtigt
oder nichtberechtigt ist. Es ist ein Unterschied zwischen
gerechtem und ungerechtem Zorn (ira iusta und iniusta 17, 12).
Der letztere, der besser als Wut oder Jähzorn bezeichnet wird, ist nur dem Menschen und den wilden Tieren
eigen; er ist ein Fehler, der vom Menschen überwunden

---

[1]) Die Gnade (gratia) wird hier als Affekt bezeichnet, was sie bei
den Stoikern nicht ist. Vgl. Sieb. 1, 2, S. 231. 232. Dass besonders von
Seneca die Güte Gottes hervorgehoben wird vgl. Zeller 139, Anm. 1
und 703.

werden muss der, aus der Schwäche des Menschen entspringt
und daher in Gott nicht vorhanden sein kann (17, 14. 21).
Diese Art des Zornes ist gemeint, wenn ihn die Stoiker
als „foeda mutatio" beschreiben, die wie ein Sturm die Fluten,
so den Geist des Menschen erregt, so dass die Augen glühen,
die Sprache zittert, die Farbe des Gesichtes zwischen Röte
und Blässe wechselt; von dem ungerechten Zorn gilt, dass
durch ihn veranlasst die Menschen Blut vergiessen, und Städte
vernichten (5, 3. 4). Ebenso beziehen sich die verschiedenen
Definitionen der Philosophen nur auf den ungerechten Zorn,
wenn ihn Seneca[2]) nennt „die Begierde Unrecht zu rächen",
Posidonius: „die Begierde, den zu strafen, von dem man sich
in unbilliger Weise verletzt glaubt"; einige andere: „die Erregung des Geistes, um dem zu schaden, der uns geschadet
hat oder schaden wollte", Aristoteles: „die Begierde Schmerz
wiederzuvergelten" (17, 13), endlich Cicero: „die Lust sich zu
rächen" (17, 20).

Dem gegenüber steht der gerechte Zorn, der die
Begierde nach Rache ausschliesst, da er gerichtet ist gegen
die, die wir sündigen sehen, und zwar gegen die, die in
unsrer Macht sind, wie Sklaven, Kinder, Frauen und Schüler.
Wie das Schlechte einem Jeden missfallen muss, wenn er es
nicht billigt, so muss er auch dadurch erregt werden, wenn
er es sieht. Er zürnt also nicht, um sich zu rächen, sondern
zur Aufrechterhaltung der Ordnung, zur Verbesserung der
Sitten. Diese Art des Zornes muss aber auch Gott besitzen,
da er die Sünden aller Menschen straft. Definiert wird der
Zorn demnach von Lactanz: eine Erregung des Geistes,
die entsteht, um die Fehler zu strafen." (17, 15—20).

---

[2]) Vgl. Seneca, de ira I, 3. Ähnlich in II, 3 concitatio animi ad
ultionem voluntate et iudicio persequentis. Vgl. Sieb. I. 2. S. 233. bes.
Anm. 4.

Wie der Missbrauch des Zornes, der sich in Hass gegen Gleichstehende und in der Absicht, ihnen zu schaden äussert, zurückzuhalten ist, so ist der gerechte Zorn gegen die Sünder sogar anzuregen (18, 10—12).

Gegen diese Auffassung des Zornes liegt der Einwand nahe, dass man auch ohne Zorn die Fehler anderer verbessern könne. Hiergegen sagt Lactanz: Nur der Richter darf bei einer Frevelthat ruhig bleiben, weil dieselbe nicht vor seinen Augen begangen ist, weil kein Verbrechen so klar liegt, dass es nicht Raum für eine Verteidigung böte, und weil er nicht nach seiner Meinung, sondern nach den Gesetzen zu richten hat. Wenn wir aber nicht durch den Anblick des Bösen erregt werden, so billigen wir dasselbe entweder, oder scheuen die Mühe der Bestrafung. Also ist auch unzeitgemässe Milde ein Fehler, da sie die Kühnheit zu grösseren Verbrechen anregt (18, 1 ff.).

Was den Einwand betrifft, dass Gott dem Menschen den Zorn verbiete, so bezieht sich dieser nur auf den ungerechten Zorn. Gott würde sonst sein eigenes Werk tadeln, „da er von Anfang an den Zorn in die Galle des Menschen gelegt hat." Ausserdem verbietet er das Verharren im Zorn. Da der Mensch sterblich ist, darf er auch nicht andauernd zürnen; auch der göttliche Zorn besteht ewig nur gegen die fortwährenden Sünder. (21, 1 ff.).

Endlich wird noch die Notwendigkeit und Wichtigkeit des gerechten Zorns für die menschlichen Angelegenheiten hervorgehoben. Kein irdisches Reich vermag zu bestehen, wenn die Furcht es nicht bewacht. Niemand wird einem Könige, der nicht zürnt, gehorchen, sondern man wird ihn stürzen. Ebenso wird man den Niedrigstehenden, wenn er diesen Affekt nicht besitzt, verlachen und berauben (23, 9—11.).

§ 15.

Die Unsterblichkeit der Seele im allgemeinen.
Der letzte Abschnitt, der den Ziel- und Gipfel-
punkt der ganzen Anschauung unsres Kirchenvaters
enthält, behandelt die Unsterblichkeit der Seele, eine
ebenfalls hauptsächlich ethische Frage. Denn wenn auch
die Unsterblichkeit aus dem Wesen der Seele hervorgeht,
so ist sie doch vor allem der Mittelpunkt der ethischen
Auffassung des ganzen Lebens, so dass, ohne die feste
Überzeugung, dass sie das Ziel des menschlichen Lebens
bildet, das ganze System des Lactanz hinfällig wird.
Kein Wunder, wenn sie daher in seinen Schriften mehr hervortritt, als irgend ein anderer Punkt der Psychologie oder
Ethik, wenn in den Institutionen die Auseinandersetzungen
der sechs ersten Bücher als das Fundament betrachtet werden,
auf das im siebenten (de vita beata) das Gebäude aufgerichtet
werden soll, ohne welches das vorhergehende unnütz und
vergeblich sein würde (VII, 1, 2. 4).

Auf die Stellung der Unsterblichkeitslehre im System
des Lactanz wurde bereits hingewiesen; auch die beiden
Wege, auf denen die beiden Endziele des menschlichen Lebens
erreicht werden, sind, ebenso wie die Frage weshalb Gott
den Menschen nicht von vornherein unsterblich schuf, bei
anderer Gelegenheit besprochen worden[1]), an dieser Stelle

---

[1]) Vgl. die Einleitung, sowie § 9 u. 10. Hier nur eine Über-
sicht der Stellen : Zum ewigen Leben führen Gotteserkenntnis und
Gottesdienst III. 19, 10; IV, 4. 5. 28. 1; VI, 9, 18. 24 de ira 13, 23
überhaupt alles, was von Gott kommt VI, 6. 4. ferner Christus als
Mittler IV. 14, 2. 19, 11. 25, 5, endlich Tugendübung III, 19, 3. 27, 13;
V, 17. 16 ff. 18, 9; VI. 4, 1 ff. 21, 11. 22, 4; VII, 5, 17 ff. 14. 2 de
opif. 19. 10, de ira 23, 23 auch Inst. I, 18, 3 zum ewigen Tod die
Leidenschaften I, 11, 3. die Verehrung vieler Götter II, 2. 22. 24;
II, 17. 5 u. a.

erübrigt uns, die Art und Weise der Unsterblichkeit
eingehender zu betrachten. Aus der dualistischen Grundauffassung des Weltproblems folgt eine zweifache Art
derselben, je nach dem Lebensweg, den der Einzelne ein-
gehalten. Der Wandel nach der Seele führt zum ewigen
Leben, der Wandel nach dem Körper zum ewigen Tod. Es
giebt demnach zwei Arten des Lebens, ein diesseitiges,
das wir durch unsere Geburt empfangen und das auf der Erde
und im Körper zugebracht wird, daher wie der Körper auch
begrenzt und sterblich ist, und ein jenseitiges, das wir erhalten, wenn das erstere tugendhaft vollbracht ist, das ganz
der Seele gehört, daher unbegrenzt und ewig ist (VII,5,16.17.).
Es wird geschildert als ein Leben im Geist, dem mit dem
Körper auch alles Übel, vor allem der Tod fehlt (VII, 5,19),
in dem „wir den Engeln gleich geworden, dem höchsten
Vater und Herrn fortwährend dienen und das ewige Reich
Gottes bilden" (VII, 6, 1). Zugleich ist es das höchste Gut,
das also nicht, wie die Philosophen glauben, im Diesseits
zu finden ist (IV, 4, 5; VI.3, 5); der Aufenthaltsort für die
Seligen ist der Äther, aus dem die Seele stammt und den sie
wieder zu erreichen strebt (VI, 3, 1; VII, 10, 8), um dort
„in fortwährendem Lichte" zu verweilen (II, 12, 7; VI,3,17.).

Den Gegensatz bilden die beiden Arten des Todes
und zwar steht dem irdischen Leben der einmalige, es be-
endigende Tod, dem himmlischen der ewige Tod gegenüber.
Beide Arten werden als erster und zweiter Tod unterschieden.
Der erste bezeichnet die Trennung von Seele und Körper,
der zweite die Erduldung ewigen Schmerzes, die Verurteilung
der Seelen zu ewigen Strafen (II. 12, 9.). Er besteht im
Verweilen in ewiger Finsternis (VI, 1, 10), tritt, wie die
Seligkeit, erst im Jenseits ein und bildet die Strafe für den
verkehrten Wandel auf der Erde. Während irdisches Leben

und irdischer Tod allen Menschen in gleicher Weise gemeinsam sind, verteilen sich himmlisches Leben und ewiger Tod
auf die einzelnen nach ihrer Würdigkeit (VII, 10, 11.).

Da die menschliche Seele demnach zwei Stadien zu durch-
laufen hat, das erste in Verbindung mit dem Körper, das
zweite ohne denselben, so fragt sich weiter, in wie weit
dieselbe, wenn sie vom Körper befreit ist, ihre
verschiedenen Eigenschaften, die ja teilweise, wie
die Sinneswahrnehmung, durch den Körper bedingt sind,
behält, ebenso in wie weit sich dieselben vervoll-
kommnen, nachdem das hindernde „Gefäss der Seele" ge-
schwunden ist, endlich, wie die Leidensfähigkeit der
sündigen Seelen bei dem Fehlen jedes körperlichen Elementes
zu erklären ist. Besonders der letzte Punkt wird von Lactanz
eingehender behandelt.

Die vom Körper befreite Seele lebt „allein im Geist" [2]);
sie existiert sodann ohne Körper allein als feuriger, göttlicher
Hauch, der ihre Substanz ausmacht. Indem sie den Körper
verlässt, nimmt sie zugleich die Empfindungsfähigkeit mit
sich: „denn der Körper fühlt ohne die Seele nichts mehr"
(VII, 12, 24. 25.). In derselben Weise wie Gott ohne Körper
lebt und wirkt, vermag auch die Seele ohne Sinnesorgane
doch deren Funktionen beizubehalten (VII, 9, 8. 9.). Dass
die Seelen ferner die menschliche Gestalt behalten, folgt
daraus, dass sie zitiert werden können (VII, 13, 7), wie sie
ja auch in derselben Gestalt wieder zurückkehren werden
bei der Auferstehung (VII, 22, 10.). Was endlich ihr Wissen
betrifft, so ist es falsch an ein „Wasser der Vergessenheit"
zu glauben, vielmehr behalten die Seelen alles was sie hier
erlebt (22, 10); offenbar erlangen sie ferner durch die Be-

---

[2]) Inst. III, 12, 34: VII, 21, 2 in solo spiritu vivit. VII, 12, 19
vigebit ipsa per se.

freiung vom Körper die Kenntnis der vollen Wahrheit
(II, 8, 68; VII, 2, 8.).

Dass die Frage nach der Leidensfähigkeit der
Seele von Lactanz ausführlich besprochen wird, erklärt sich
daraus, dass alle abnormen Seelenzustände im Diesseits hervorgerufen werden durch körperliche Zustände. Wenn es heisst,
dass die Kraft und Stärke des Geistes durch Vergnügen und
Sünden untergraben wird (VI, 1, 9), so sind es Schwächen
des Körpers, die ihre Wirkung an der Seele zeigen; ebenso
wenn die Dämonen sich im Körper festsetzen und mit
Träumen, Wahnsinn u. a. die Seelen quälen, mit der Absicht sie ganz zu vernichten (II, 14, 14.). Wie ist es aber
unter dieser Voraussetzung möglich, dass die Seelen auch im
Jenseits Schmerzen erdulden, und Strafen für irdische Verbrechen erleiden müssen, nachdem der Körper sie nicht mehr
umschliesst? „Wenn sie nämlich wegen ihrer Thaten bestraft werden, müssen sie doch den Schmerz fühlen und daher
auch den Tod. Wenn die Seele nicht dem Tod unterworfen
ist, kann sie auch nicht Schmerz empfinden; sie ist also nicht
leidensfähig" (VII, 20, 7.).

Die Antwort auf diese Frage lautet zunächst gemein-
schaftlich mit den Stoikern: die Seelen der Gerechten
sind nicht leidensfähig, da sie nicht durch Befleckung von
seiten des Körpers verunreinigt sind; sie kehren daher zu
dem himmlischen Sitz, von dem sie stammen, zurück. Dagegen nehmen die Seelen der Gottlosen eine gewisse Mittelstellung ein; durch ihre Befleckung mit dem Fleisch, dessen
Begierden sie sich hingegeben haben, haben sie einen unaus-
löschlichen irdischen Makel an sich, der mit der Zeit fest-
haftet, so dass sie durch denselben fähig werden, Marter und
Schmerz zu ertragen, während sie jedoch, da sie von

Gott stammen, nicht gänzlich vernichtet werden können
(VII, 20, 8—10.) [3]).

Diese Auffassung erklärt Lactanz für beinahe richtig,
fügt aber s e i n e e i g e n e n G r ü n d e hinzu. Zunächst schliesst
er aus der Allmacht Gottes, dass er die sündigen Seelen leiden
zu lassen vermag. Für uns, die wir körperlich sind, sind
freilich die Seelen nicht ergreifbar; von körperlichem können
sie keine Gewalt erdulden; da jedoch Gott aus demselben
Stoffe besteht, wie sie (spiritus), können sie von ihm erfasst
und gezüchtigt werden. Hierzu kommt, dass dieselben
wiederum mit Fleisch umkleidet werden, und zwar mit un-
vergänglichem in Ewigkeit bestehenden, und von einem ebenfalls dem irdischen nicht entsprechenden Feuer verzehrt
werden, welches die verzehrten Bestandteile immer wieder
ersetzt (VII, 20, 11—21, 5.).

An dieser Stelle sei noch erwähnt, dass die Unsterblichkeit als Lohn oder Strafe nicht sofort nach dem Tode eintritt, sondern eine Zwischenzeit zwischen Tod und Auferstehung angenommen wird, in der alle Seelen in einer allgemeinen Haft zurückgehalten werden (21, 7). Auch erfolgt
die Erweckung der Christen und das Urteil über sie zuerst;
erst beim letzten Gericht werden auch die Heiden von Christo
zu ewiger Strafe verdammt. Für die Zwischenzeit werden
Seelenwanderung oder Wiedergeborenwerden als Thorheiten
ausgeschlossen (vgl. VII, 20, 1 ff.; 23, 1 ff.; 26, 6 u. a.).

§ 16.
Beweise für die Unsterblichkeit der Seele.

Da die Unsterblichkeit der Seele eine so bedeutende
Rolle in der Auffassung der Welt und des Lebens bei Lactanz

---

[3]) Vgl. Zeller III, 1, S. 202, Anm. 1. Schluss. Nach Seneca
sind auch die Seelen der Guten erst einer Reinigung unterworfen. Vgl.
ebenda.

spielt, ist es natürlich, dass demselben der Nachweis ihrer Wahrheit ganz besonders am Herzen liegen muss. Daher finden sich an vielen Stellen einzelne Beweisgründe aufgeführt; zusammengefasst sind dieselben in dem Abschnitt Inst. VII, 8—12. Dieselben lassen sich, ohne die Reihenfolge zu verändern, nach den zwei Gesichtspunkten unterscheiden, ob sie aus dem Wesen der Seele oder des Menschen hervorgehen, oder ob sie auf der ethischen Grundanschauung des Lactanz beruhen.

I. 1. Den ersten psychologischen Beweis bildet der platonische von der Selbstbewegung der Seele. Er ist keineswegs erschöpfend, da Plato das wesentlichste an der Unsterblichkeit, dass sie nämlich das höchste Gut des Menschen ist, nicht wusste; jedoch trägt er zur Wahrheit bei. Lactanz definiert denselben folgendermassen: „unsterblich ist, was von selbst fühlt (sentit) und sich immer bewegt. Was nämlich keinen Anfang der Bewegung hat, kann auch kein Ende haben, weil es von sich selbst nicht verlassen werden kann". Hierbei übersieht Lactanz, dass dieser Beweis nur für den höchsten Teil der Seele, nur für das λογιστικόν gilt und zieht daher den falschen Schluss aus demselben, dass er auch den Tieren Unsterblichkeit verleihen würde, wenn nicht Plato, um dieser Gemeinschaft zu entgehen, hinzugefügt hätte, dass der menschliche Geist unsterblich sei, weil seine wunderbare Geschicklichkeit im Erfinden, die Schnelligkeit im Denken, die Leichtigkeit im Auffassen und Lernen, die Erinnerung an früher geschehene Ereignisse, der Blick in die Zukunft, die Kenntnis unzähliger Dinge und Künste, was alles den übrigen Geschöpfen fehlt, uns zeigten, dass er göttlichen Ursprungs sei und vom Himmel stamme. Er übersieht ferner, dass derselbe ebenso gut die von ihm bekämpfte Präexistenz beweist, wie die Fortdauer nach dem Tode (VII, 8; vgl. Sieb. I, 1, S. 199.).

2. Weiterhin steht für Lactanz der Satz fest, dass alles Sichtbare und Berührbare zu Grunde gehen muss, während alles, was nicht gesehen oder berührt werden kann, ewig bleibt. Auf den Menschen angewandt, ist der Körper das vergängliche Element, die Seele der ewige Bestandteil desselben. Diese an verschiedenen Stellen [1]) als Beweis für die Unsterblichkeit der Seele benutzte Behauptung wird Inst. VII, 9, 1—9 begründet und zwar durch einen Analogieschluss aus der unsichtbaren und ewigen Existenz Gottes. Dieser wird von den Menschen nicht mit Augen gesehen, sondern aus seinen Werken erkannt. Hieraus schliessen zu wollen, dass er nicht existiere, wäre thöricht, da auch viele von ihm geschaffene Dinge, wie die Stimme, der Geruch, der Wind nicht gesehen. aber mit andern Teilen des Körpers empfunden werden, ihre Existenz also, ebenso wie die Existenz Gottes aus ihren Wirkungen erkannt wird. Da also von Gott feststeht, dass er als fühlendes und lebendes Wesen, ohne gesehen zu werden und ohne Körper in Ewigkeit lebt, so ist nicht anzunehmen, dass die Seele, die ebenfalls ein lebendes und fühlendes Wesen ist, zu Grunde geht, weil sie nach Verlassen des Körpers nicht gesehen wird.

3. Hierauf folgen drei anthropologische Beweise und zwar werden von Lactanz die Eigenschaften des Menschen, die seine höhere Stellung gegenüber dem Tiere ausmachen, (vgl. § 11.) als Beweise für die Unsterblichkeit der Seele angeführt.

---

[1]) Vgl. Inst. II, 4, 7; IV, 1, 3; V, 21, 11; VII, 1, 9. 11, 9. 10 und in Verbindung mit dem vorhergehenden de opif. 17, 1.

Die Religion, die kein anderes lebendes Wesen besitzt, zeigt uns, dass wir in ihr das erstreben, wünschen, verehren, was uns verwandt ist. Die Erkenntnis Gottes und das Streben nach ihm beweisen die Unsterblichkeit der Seele, weil die menschliche Natur fühlt, woher sie stammt, und wohin sie zurückkehren wird, und uns daher zwingt, den ewigen Gott zu suchen und zu lieben (VII, 9, 10. 12). Die Gestalt des Menschen, sein aufrechter Gang, sein nach dem Himmel gerichteter Blick zeigen seine himmlische und göttliche Bestimmung. Sein Geist verachtet die Niedrigkeit des irdischen Lebens, und strebt nach der Höhe, weil er fühlt, dass dort für ihn das höchste Gut zu finden sei (VII, 9, 11.).[2]).

Da die Seele feuriger Hauch ist, so ist der alleinige Gebrauch des Feuers durch den Menschen ein weiterer Beweis. Dieses ist das leichte, das Leben bewirkende Element des Lichtes, welches vom Himmel stammt und eben diesen wieder zu erreichen strebt (9, 13. 14; II, 9, 25.).

II. Die ethischen Beweise haben für Lactanz grössere Bedeutung, da sie nicht nur die Fortexistenz der Seele nach dem Tode, sondern auch die zweifache Art der Unsterblichkeit beweisen.

Der wichtigste derselben lautet kurz gefasst: Die Tugend muss belohnt, die Sünde bestraft werden. Da dies auf der Erde nicht geschehen kann, muss es ein Jenseits geben, in dem jeder Mensch das erhält, was ihm zukommt. Die Tugend wird hierbei als etwas Widernatürliches aufgefasst; sie schadet dem gegenwärtigen Leben, das nur nach Vergnügen und angenehmen Genüssen strebt, indem

---

[2]) Vgl. zu diesen beiden Beweisen III, 12, 26. 27; VII, 5, 20 de opif. 8, 2. 3.

sie verlangt, dass man das suchen müsse, was man von Natur meidet, wie Armut, Schimpf, Schmerzen und den Tod. Also ist sie ein Übel, und derjenige, der ihr folgt ein Thor, da er das vorhandene Gute flieht, das Übel erstrebt ohne Hoffnung auf höheren Genuss. Nun ist aber die Aufgabe des Menschen, der Tugend gemäss zu leben. Nur sie macht den Menschen ehrenhaft, indem sie die schimpflichen Vergnügen verachten lehrt, macht ihn tapfer, indem sie die Furcht vor Schmerz und Tod verscheucht. Sie muss daher ihren Lohn erhalten, was aber nicht im Diesseits geschehen kann, da auch den Tod auf sich zu nehmen oft eine Tugend ist (VII. 9, 15—18).[3]) So folgt aus der Notwendigkeit der Tugendübung auch die Notwendigkeit eines Lohnes für dieselbe, es folgt aus ihr nicht allein die Unsterblichkeit der Seele, sondern auch die Art des ewigen Lebens, das für den Tugendhaften das höchste Gut ist.

Zwei weitere Beweise für die Unsterblichkeit als höchstes Gut des Menschen sind an einer anderen Stelle hervorgehoben. Einmal zeigt uns das allgemeine Streben nach diesem, obwohl zeitlich begrenzten und arbeitsvollen Leben, das Greise wie Knaben, Könige und Bettler, Weise und Thoren zu besitzen wünschen, wie wahr die Erwartung eines bessern Lebens ist, ferner würde Niemand sich freiwillig in den Tod gestürzt haben, ohne die Hoffnung auf ein längeres Leben. (III, 12, 18. 19. 22.).

An den Unsterblichkeitsbeweis aus dem Wesen der Tugend schliessen sich in VII, 11, 1 eine Reihe Beweise aus dem gegenseitigen Verhältnis von Tugend und Laster an. Alle lasterhaften Erregungen dauern nur

---

[3]) Vgl. III, 12, 8. 27, 13; V. 18, 10; VI, 9, 19 ff.

kurze Zeit: so stillt den Zorn die Rache, die Sättigung be-
endigt die Begierde u. s. w.; wenn die Laster das, was sie
erreichen wollen, erreicht haben, verschwinden sie, um bei
Gelegenheit wiederzukehren. Die Tugend aber dauert fortwährend; denn sobald sie unterbrochen wird, treten die Laster
an ihre Stelle. So zeigt die fortwährende Dauer der Tugend,
dass die menschliche Seele, die sie einmal angenommen hat,
auch selbst fortdauern muss. Ebenso zeigen die Früchte
der Laster, die irdischen Vergnügen, die, wie sie selbst, kurz
und irdisch sind, dass die Frucht und der Lohn der Tugend,
wie sie selbst, immerwährend und jenseitig ist. Wie ferner
bei den Lastern mit ihrem Ende sofort ihr Lohn eintritt, so
auch bei der Tugend; nur dass die letztere während des
Lebens immer vorhanden sein muss und daher erst im Tode
ihr Ende findet, ihren Lohn also erst im Jenseits erlangen
kann. Endlich haben die, die in diesem Leben den Lastern
gefolgt sind und deren Früchte geerntet haben, von jenem
Leben nichts mehr zu erwarten, vielmehr verfallen sie ewigem
Tod, so dass ein glückliches irdisches Leben und ewiger
Tod, ein elendes Leben und fortwährende Seligkeit zusammen-
fallen.

Die ethischen Beweise bilden den Mittelpunkt der
Beweisführung des Lactanz, obwohl dieselben gar nicht
die Fortdauer der Seele, sondern die Notwendigkeit
eines vollkommenen Lebens beweisen, in dem der Gute
seinen Lohn, der Böse die verdiente Strafe findet. Aber
darauf kommt es unserem Kirchenvater auch an. Dass man
die Tugend um ihrer selbst willen thun könne, in dem tugendhaften Leben selbst das höchste Glück finden könne, erscheint
ihm unbegreiflich: nicht nur die Tugend, überhaupt die
Menschheit, die ganze Welt ist überflüssig, nichtig und eitel,
wenn wir nach dem Tode aufhören zu sein (VII, 6, 3.).

An die aus dem Verhältnis der Tugend zu den Lastern hervorgehenden Argumente schliessen sich noch zwei, die in ähnlicher Weise aus dem Verhältnis des Körpers zur Seele die Unsterblichkeit der letzteren erschliessen wollen. Alles, was der Körper durch seine Thätigkeit bewirkt, wozu Alles gerechnet wird, was von Menschenhänden gemacht ist, muss zu Grunde gehen, sei es durch unrechte Thaten anderer Menschen oder durch die nach und nach zerstörende Zeit. Was aber der Geist geschaffen, bleibt ewig. Wer durch denselben oder seine Tugend Vorzügliches geleistet hat, dessen Werke bleiben immer in Erinnerung. Da also die Werke des Körpers vergehen, da er selbst sterblich ist, muss die Seele unvergänglich sein; denn ihre Werke sind unvergänglich.

In derselben Weise erklärt sich die Fortdauer der Seele aus den Wünschen des Geistes und Körpers. Der Körper wünscht Zeitliches, wie Speise, Trank, Kleidung, Vergnügen und vermag auch dies nur mit Hülfe der Seele zu erreichen; der Geist wünscht dagegen vieles, was nicht zum Dienst und Genuss des Körpers gehört und ewig ist, wie den Ruf der Tugend, das Andenken des Namens; ja auch gegen den Körper wünscht die Seele die Gottesverehrung, die besteht in Enthaltung von Begierden, im Ertragen des Schmerzes und Verachtung des Todes. Daher ist es glaublicher, dass die Seele sich vom Körper trennt, als dass sie zu Grunde geht, da der Körper ohne Geist nichts vermag, der Geist aber Vieles und Grosses ohne den Körper (7. 8.).

Nachdem Lactanz seine eigenen Gründe auseinandergesetzt hat, geht er dazu über, die Hauptgegner des Unsterblichkeitsglaubens, die Epicureer zu widerlegen. Er bespricht daher die einzelnen Argumente für die Sterblichkeit der Seele, wie sie von Lucrez aufgestellt sind.[4]) Da die Gegenbeweise des Lactanz wesentliche Punkte der Psychologie desselben ausmachen, und daher bereits während der ganzen Darstellung Berücksichtigung gefunden haben, genügt es an dieser Stelle die Beweise des Lucrez und ihre Widerlegung aufzuzählen.

1. „Da die Seele mit dem Körper zusammen geboren wird, müssen beide auch zusammen sterben." Hiergegen weist Lactanz erstens auf die verschiedene Beschaffenheit beider hin, auf die Unsichtbarkeit und Unantastbarkeit der Seele im Gegensatz zum sichtbaren Körper, auf ihre Schnelligkeit und Kraft, die ihren himmlischen Ursprung beweisen, u. a.; zweitens bemerkt er den Widerspruch mit einer andern Stelle des Lucrez, in der dieser die Rückkehr der Seele zum Äther, woher sie stammt, selbst anerkennt, drittens weist er darauf hin, dass wenn Seele und Körper im Tode zu Grunde gingen, keine Trennung derselben stattfinden würde, sondern beide in einem Augenblick vergehen müssten (VII, 12, 1—8.).

2. „Die Seele ist sterblich, da der Verstand (sensus) bei Kindern wächst, sich verstärkt bei Jünglingen und bei Greisen wieder vermindert." Dagegen weist Lactanz auf den Unterschied von anima und mens hin. (Vgl. § 4.). Ferner hat die Seele, so lange sie in den Körper eingeschlossen ist, keine Kenntnis ihrer Göttlichkeit. Sie lernt und hört daher alles und erlangt dadurch Weisheit, die im Greisenalter grösser ist wenn man das Jünglingsalter tugendhaft durchlebt hat. Wenn aber allzu grosses Greisenalter die Glieder gebrechlich macht, wenn das Gesicht, die Sprache, das Gehör ihre Dienste versagen, so ist dies kein Fehler der Seele,

---

4) Lucretius, de rerum natura III. Vgl. Sieb. I, 2, S. 176; Zeller III, 1. 420, Anm. 1. — bei Lact. auch Inst. III, 17.

sondern des Körpers. Und wenn das Gedächtnis nachlässt, so wird der Geist (mens) bedrückt durch das Verfallen des Körpers (12, 9—13.).

3. „Die Seele ist dem Schmerz und der Trauer unterworfen, sie rast in der Trunkenheit, sie erduldet auch die Krankheiten des Körpers mit, und weiss zuweilen nichts von sich." Daher sind Tugend und Weisheit notwendig, sowohl um Trauer tapfer zu überwinden, als auch um enthaltsam zu sein von Vergnügen, damit die Seele nicht ewigem Tod verfällt, als auch um körperlichen Schmerz zu ertragen. Ohnmacht erduldet aber der Geist (mens), nicht die Seele (anima) (12, 14—19.).

4. „So wenig, wie das ausgerissene Auge etwas sieht, kann die Seele ohne Körper leben, da sie ein Teil des Körpers ist." Die Seele ist kein Teil des Körpers, so wenig, wie der Inhalt eines Gefässes oder Hauses ein Teil desselben ist (12, 20. 21.).

5. „Die Seele ist sterblich, da sie allmählich den Körper verlässt, wäre sie unsterblich, so müsste sie auf einmal aus ihm herausgehen." Der Nahrungsstoff der Seele ist das Blut (§ 2.). Wenn dies nach und nach eintrocknet, müssen auch die Glieder nach und nach erkalten und zwar die äussern zuerst. Auch nimmt die Seele beim Verlassen des Körpers die Empfindung mit sich, so dass der Körper nach dem Tode nichts mehr davon besitzt, während die Seele selbst Gefühl und Leben ist (12, 22—25.).

6. „Die Klagen der Sterbenden beweisen die Sterblichkeit der Seele." Im Augenblick des Todes vermag Niemand zu denken oder zu reden und mitzuteilen, ob er sich auflöst oder seine Seele vom Körper befreit wird. So lange man dies noch kann, ist die Auflösung noch nicht eingetreten, ist dies aber der Fall, so vermag man nicht mehr darüber

zu klagen. Was aber die Zeit vor dem Tod betrifft, so beweisen grade die Aussagen der meisten Sterbenden, dass eine Trennung und keine Auflösung stattfindet (12, 26 —29.).

Zum Schluss seien noch kurz die hauptsächlichsten Resultate, soweit sie für die Psychologie der Patristik überhaupt von Wichtigkeit sind, zusammengefasst.

Der bereits in der Einleitung hervorgehobene Gegensatz zwischen christlichem und antikem Denken tritt bei Lactanz deutlich hervor. Die neue Überzeugung vom Werte der Einzelseele. die von der griechischen Philosophie bereits angebahnt, in der christlichen Lehre vollendet ist, steht im Vordergrund und bildet den Massstab für die Behandlungsweise der überlieferten psychologischen Bestimmungen. So lange diese dem Grundgedanken nicht widersprechen, sind sie ohne Bedenken aus der antiken Philosophie herübergenommen oder wenigstens nicht grade verworfen: treten sie in Gegensatz zu diesem, so werden sie bekämpft. Hieraus erklärt sich auf der einen Seite die grosse Abhängigkeit des Lactanz von den Stoikern, ebenso wie der Gegensatz zu ihnen in jeder der Grundauffassung zuwiderlaufenden Ansicht.

Zu denjenigen Problemen, die ohne Bedeutung für das Leben sind, gehören die Fragen nach dem Sitz der Seele und der Affekte. sowie nach der Entstehung der Sinnesthätigkeit; überhaupt haben alle erkenntnistheoretischen Probleme an sich untergeordnete Bedeutung, ihre Beantwortung kann für den Menschen gleichgültig sein.

Dagegen tritt der Wertunterschied zwischen
Seele und Körper in den Vordergrund. Bei dem Fehlen
des Dogma von der Erbsünde, wird die Gottebenbildlichkeit
der Seele betont, ihr Gegensatz zum Körper stets hervorgehoben, ohne dabei den stoischen Materialismus zu ver-
werfen, was sich ohne Widerspruch freilich nicht durch-
führen lässt. Auch der von Lactanz verteidigte Creatianismus hat seinen Grund in der Erhabenheit der Seele, die einen
jedesmaligen Schöpferakt von Seiten Gottes verlangt; ebenso
die stets vorausgesetzte Willensfreiheit, deren Bereich auch
über den Glauben und die religiöse Überzeugung ausgedehnt
wird: vor allem hat die Affektenlehre, durch die Lactanz
mit dem Beweis der Berechtigung und Notwendigkeit der
Affekte in direkten Gegensatz zu den Stoikern tritt, ihren
Grund in dem einzigartigen, Gott verwandten Wesen der
Seele, welcher nichts von vornherein Schlechtes anhaften
kann. Endlich liegt auch der Grund für das Streben, die
Einheit des Seelenwesens trotz des Gegensatzes zwischen
anima und mens festzuhalten, ebenfalls in der Betonung der
Verschiedenheit von Leib und Seele.

Der christliche Mythus über das vergangene
und zukünftige Schicksal der Seele findet daneben Platz,
wenn auch nur in der Spekulation über die Art der Unsterblichkeit. Denn da Lactanz die Präexistenz der Seele
verwirft, so fallen auch Bestimmungen über eine frühere
Versündigung derselben weg. Dagegen ist die zweifache
Art der ewigen Fortdauer der Seele, hervorgegangen aus
dem ethischen Dualismus, wesentlich christlich dogmatischen
Ursprungs, wenn auch mit stoischen Ansichten übereinstimmend.

Es sind demnach, kurz zusammengefasst
— die psychologischen Anschauungen des Lac-

tanz durchweg von der griechischen, besonders
der stoischen Philosophie abhängige Bestimmungen, die aber beeinflusst und umgestaltet sind
durch die neue Überzeugung von der Stellung
der Einzelseele im Weltganzen und ihrem hohen
ethischen Wert, gegenüber der früheren Auffassung derselben als eines Produktes der Welt. —

Am Schlusse bleibt mir noch die angenehme Pflicht
zu erfüllen. Herrn Hofrat Prof. Dr. Eucken in Jena, der mich
bei Abfassung und Druck meiner Arbeit in liebenswürdigster
Weise unterstützte, meinen ergebensten und tief empfun-
densten Dank auszusprechen.

www.ingramcontent.com/pod-product-compliance
Lightning Source LLC
Chambersburg PA
CBHW020314090426
42735CB00009B/1332